모티브와 패턴으로 완성하는
오늘도 손뜨개

KAGIBARI DE AMU KAWAII AMIMONO by Hiromi Endo(NV70264)
Copyright © Hiromi Endo / NIHON VOGUE-SHA 2014
All rights reserved.
Frist published in Japan in 2014 by Nihon Vogue Co., Ltd.
Photographer: Yukari Shirai

This Korean edition is published by arrangement with Nihon Vogue Co., Ltd, Tokyo
in care of Tuttle-Mori Agency, Inc., Tokyo through Botong Agency, Seoul.

이 책의 한국어판 저작권은 Botong Agency를 통한 저작권자와의 독점 계약으로
(주)황금부엉이가 소유합니다.
신 저작권법에 의하여 한국 내에서 보호를 받는 저작물이므로
무단전재와 무단복제를 금합니다.

Crochet

×

모티브와 패턴으로 완성하는
오늘도 손뜨개

엔도 히로미 지음 | 고심설 옮김

황금부엉이

Contents

귀여운 모티브
Motifs ...6

motif 1   원형 모티브의 넥워머 ...8~9

motif 2 & pattern 1   모티브가 들어간 볼레로 ...10~11

motif 3   2겹 모티브 숄 ...12

motif 4   포동포동 모티브의 그라니 백 ...13

motif 5   마가레트 모티브의 사다리꼴 숄 ...14

motif 6, 7   모티브 아플리케 숄 ...15

motif 8   원형 모티브의 컬러풀 머플러 ...16

motif 9   꽃이 가득한 스마트폰 케이스 ...17

motif 10   둥글둥글 꽃 모티브의 머리끈&코르사주 ...17

motif 11, 6   라리에트 ...18

motif 12, 13   라리에트 ...19

motif 14   커다란 꽃 모티브의 숄 ...20

motif 15   그러데이션 모헤어의 숄 볼레로 ...21

motif 16   모티브 커버의 백 ...22

motif 17   큰 모티브의 풀오버 ...23

motif 18   꽃밭의 무릎담요 ...24~25

motif 8   원형 모티브의 도일리 ...26

motif 19   사각 모티브를 연결한 커버 ...26

motif 20   육각 모티브의 티포트 커버&매트 ...27

motif 4, 6, 21   핀쿠션 ...28

motif 9   작은 꽃무늬의 코바늘 케이스 ...29

Part 2

귀여운 패턴
Patterns ...30

pattern 2 　꽃무늬 런치백 ...32

pattern 3 　트리무늬 물주머니 커버 ...33

pattern 4 & motif 22 　구슬뜨기 무늬의 베레모 ...34

pattern 4 　구슬뜨기 무늬의 핸드워머 ...34

pattern 5 　작은 꽃무늬의 뫼비우스 숄 ...35

pattern 6 　케이프&오버 스커트 ...36

pattern 7, 8 　튜닉 ...37

포인트 레슨
Point Lesson 1 ...38
Point Lesson 2 ...44

실물크기 실 샘플
Yarn Sample ...50

뜨는 법, 만드는 법
How to make ...52

코바늘뜨기의 기초
Basic Technique Guide ...125

★본지에 게재된 작품을 복제하여 판매(온라인·오프라인 매장)하는 것을 금합니다.

Part 1 Motifs

귀여운 모티브

모티브는 크기는 작지만 귀여움이 가득 차 있어 좋아합니다.
쉽게 뜰 수 있으면서도 여러 모양. 여러 이미지로 만들 수 있습니다.
심플한 모티브를 배색하여 전혀 다른 이미지로 만드는 것도 재미있고,
이것저것 많이 떠도 여전히 흥미롭습니다.

motif ①
원형 모티브의 넥워머

좋아하는 벽돌색 실로 사슬뜨기를 해서 모티브를 연결했더니,
모헤어의 심플한 원형 모티브가
내추럴하고 따스한 색감의 가을꽃이 되었습니다.

Yarn 하마나카 알파카 모헤어피누
How to make p.52

분위기 있는 울로 뜬 실용적인 베이지색 넥워머. 왼쪽 페이지와 같은 모티브인데, 단색으로 뜨면 이렇게 느낌이 달라집니다.

Yarn 다루마 손뜨개실 원모에 가까운 메리노울
Making 다치노 가요코
How to make p.54

motif ② & pattern ①

모티브가 들어간 볼레로

가는 모헤어로 속이 비치는 느낌이 나게 뜬 볼레로는
마치 공기를 걸친 듯 가볍습니다.
부드러운 꽃 모티브도 쉽게 완성됩니다.

Yarn 하마나카 알파카 모헤어피누
Making 다치노 가요코
How to make p.56

단추와 리본을 빼면
낙낙하게 걸칠 수 있는 숄이 됩니다.

motif ③

2겹 모티브 숄

두 가지 색상의 가는 울을 합쳐 꽃 모티브를 떴습니다.
생각하지 못했던 색이 살아나는 것이 배색의 재미입니다.
좋아하는 배색을 즐겨보세요.

Yarn 파피 뉴2PLY
Making 다치노 가요코
How to make p.63

motif ④
포동포동 모티브의 그라니 백

한겨울이 되면 하나 정도는 빨간 것을 뜨고 싶어집니다.
밝은 색의 포동포동한 모티브를 차분한 빨간색으로 마무리했더니
좀 튀는 색 조합이 되었지만 다 뜨고 나니 괜찮은 것 같습니다.

Yarn 리치모어 퍼센트
How to make p.59

motif ⑤

마가레트 모티브의 사다리꼴 숄

여성스런 느낌의 복합실을 사용해
사슬로 뜨는 마가레트 모티브의 숄.
1단은 원형 모티브를 뜨고,
2단은 모티브를 연결하면서 뜹니다.

Yarn 호비라호비레 로빙룰 울 스위트
How to make p.65

motif ⑥,⑦

모티브 아플리케의 숄

자연의 아름다움이 느껴지는 눈 결정 모양을 좋아해서 사진집을 자주 보곤 합니다.
눈무늬는 코바늘뜨기와 잘 어울리는 모티브.
울이나 모헤어는 쌓인 지 얼마 안 되는 부드러운 첫눈의 느낌.
연결해서 사용하는 것도 좋지만, 모티브의 모양을 직접 살릴 수 있도록 캐시미어 숄에 아플리케로 붙였습니다.

Yarn 하마나카 에크시드 울FL 〈합태〉, 알파카 모헤어피누
How to make p.67

motif ⑧

원형 모티브의 컬러풀 머플러

심플한 원형 모티브를 컬러풀하게 떠서
아이보리색 실로 사슬뜨기를 해 연결했더니.
알록달록 사탕처럼 보기만 해도 즐거운 머플러가 되었습니다.

Yarn 파피 뉴2PLY
How to make p.72

motif ⑨

꽃이 가득한 스마트폰 케이스

단정한 모양의 꽃을 가득 모은 미니파우치.
선명한 색을 많이 사용해도 모티브가 작으면 귀엽게 완성됩니다.
스마트폰이나 디지털카메라를 넣거나
주머니로도 쓸 수 있어 은근히 실용적입니다.

Yarn 올림포스 에미그란데 〈컬러즈〉, 〈허브즈〉
How to make p.76

motif ⑩

둥글둥글 꽃 모티브의 머리끈&코르사주

바쁠 때에도 무턱대고 쉬운 것을 뜨고 싶어질 때면
가지고 있는 여러 가지 색실로
대굴대굴한 꽃 모티브를 얼른 뜨고는
실 처리도 하지 않은 채 그대로 상자에 놔두곤 합니다.
그중에서 태어난 귀여운 꽃다발입니다.

Yarn 호비라호비레 울 스위트
How to make p.69

17

motif ⑪, ⑥

라리에트(길이가 긴 목걸이)

구슬뜨기나 육각꽃을 코바늘뜨기 체인으로 연결해 만든 라리에트.
팔에 휘감아 팔찌로 써도 좋고, 머리에 감아 머리띠로 사용해도
좋습니다.
가랑눈을 맞는 이미지로 연출해보세요.

Yarn 하마나카 알파카 모헤어피뉴, 올림포스 에미그란데 〈허브즈〉
How to make p.89

motif ⑫, ⑬

라리에트

동그란 레이스 같은 모티브를 연결해서 여러 가지로 사용할 수 있는 라리에트는 액세서리 중에서도 특히 좋아하는 아이템입니다.

Yarn 올림포스 에미그란데 〈허브즈〉
How to make p.89

motif ⑭

커다란 꽃 모티브의 숄

클레머티스 꽃 모양의 모티브는 간격을 크게 두어
하나하나의 꽃이 돋보이게 했습니다.
돌돌 말면 꽃이 흩어진 것처럼 보입니다.

Yarn 리치모어 퍼센트
Making 다치노 가요코
How to make p.79

motif ⑮

그러데이션 모헤어의 숄 볼레로

은은한 블루와 보라의 그러데이션 모헤어는
안개 낀 듯한 색감이 근사합니다.
겨울에 피는 자양화 이미지로 볼레로를 완성했는데,
반으로 접어 소매 입구에 다른 쪽 끝을 넣으면
머플러로도 사용할 수 있습니다.

Yarn 파피 모헤어 마루티
How to make p.81

motif ⑯

모티브 커버의 백

중세사로 뜬 이 모티브가 너무 마음에 들어 어디에 쓸까 고민하다가
굵은 실로 바구니 같은 백을 떠서 아플리케로 쓰기로 했어요.
모티브를 연결한 구멍 사이로 바구니 색이 보이는 것이 맘에 듭니다.
작은 모티브로 꽉 채우는 것도 좋지만 뻥 뚫린 구멍 자체도 귀여운 무늬인 것 같습니다.

Yarn 하마나카 순모중세, 바스크 / Making 다치노 가요코
How to make p.84

motif ⑰

큰 모티브의 풀오버

가벼운 모헤어를 앤티크 레이스 모티브로.
긴 털에 햇빛이 비치니 부드러운 햇빛을 머금은 이미지가 됩니다.
연결했을 때 새로운 무늬가 생기는 것도 모티브의 즐거움입니다.

Yarn 하마나카 알파카 모헤어피누
Making 다치노 가요코
How to make p.87

motif ⑱

꽃밭의 무릎담요

핑크, 노랑, 보라, 하양…
여러 색으로 뜬 무릎담요를 덮으면
추운 날에도 봄날 꽃밭에 있는 듯한 기분이 듭니다.
큰 것을 뜨는 건 좀 힘들지만 여러 색을 사용하여 모티브를
연결하면 즐겁고, 마음이 뿌듯해집니다.

Yarn 하마나카 페어 레이디 50
Making 다치노 가요코
How to make p.92

motif ⑧

원형 모티브의 도일리

16페이지의 모티브를 내추럴 컬러로 뜨니 소박한 도일리가 나타났습니다.
이미지가 너무 달라서 놀랄지도 모르겠네요.
가장자리를 다르게 마무리하면 눈 결정 무늬가 됩니다.

Yarn 하마나카 플랙스C
How to make p.74

motif ⑲

사각 모티브를 연결한 커버

모티브 디자인을 정하지 못한 채 떴지만 완성해보니 동그란 십자무늬가 계속 이어진 느낌입니다. 가장자리 부분이 꽃 같아서 맘에 들었습니다.
실을 바꾸거나 아이템을 바꾸거나, 여러 가지를 시도해보고 싶은 모티브입니다.

Yarn 다루마 손뜨개실 코튼&마 라지
How to make p.99

motif ⑳

육각 모티브의 티포트 커버&매트

겨울 티타임에 빠질 수 없는 티포트 커버.
해님색 실을 동그란 실루엣으로 뜨고 느긋한 시간과 함께하기.
육각형 속에 흰 꽃이 숨어 있길래 커버 꼭대기에도 작은 꽃봉오리와 잎을
붙여봤습니다.

Yarn 파피 브리티시 에로이카, 뉴4PLY
How to make p.95

motif ④, ⑥, ㉑

핀쿠션

자투리실로 토대를 뜨고 모티브로 장식하기.
연습용으로 떠본 모티브를 살릴 수 있어 마음에 듭니다.
많이 떠서 나란히 놓는 것도 즐겁고, 선물하기에도 아주 좋습니다.

Yarn 하마나카 에크시드 울FL〈합태〉, 알파카 모헤어피누
How to make p.99

motif ⑨

작은 꽃무늬의 코바늘 케이스

네이비와 화이트 색상의 작은 꽃 디자인은,
폴란드 도자기를 보다가 떠올렸습니다.
작지만 완성된 모양의 모티브를 한 장씩
꼼꼼하게 연결했더니,
15페이지의 스마트폰 케이스와 같은 모티브인
데도 전혀 다른 느낌으로 완성되었습니다.

Yarn 하마나카 순모중세
How to make p.103
Point Lesson p.38

Part 2 Patterns

귀여운 패턴

모티브에 비하면 좀 소박하지만,
패턴에는 또 다른 깊은 묘미가 있어 좋아합니다.
포동포동한 구슬뜨기나 톡톡한 피코 등
작은 무늬가 모여 독특한 세상을 만듭니다.

pattern 2

pattern 1

pattern 4

pattern 3

pattern
5

pattern
7

pattern
6

pattern
8

pattern ②

꽃무늬 런치백

코바늘뜨기의 배색은 배색실을 감싸면서 떠가기 때문에 탄탄하고 두꺼워집니다.
분위기 있는 귀여운 핑크를 살려 큰 꽃무늬를 넣은 작은 백은 런치타임에 사용하기
좋은 아이템.

Yarn 다루마 손뜨개실 메리노스타일 병태
How to make p.111

pattern ③

트리무늬 물주머니 커버

나무나 나뭇잎무늬는 좋아하는 모티브들입니다.
추운 날에 꼭 필요한 물주머니에 마음에 드는 커버를 쓰고 싶어서
리프그린에 그레이와 화이트 등 좋아하는 색실을 사용하여 떴습니다.

Yarn 파피 제트랜드
How to make p.114

pattern ④ & motif ㉒

구슬뜨기 무늬의 베레모

구슬뜨기는 포근한 실의 질감을 잘 표현할 수 있는 코바늘다운 기법입니다.
사용법에 따라 귀여워지기도 하고 화려해지기도 합니다.
탑은 모티브로 시작해서 모헤어로 부드럽게 떴습니다.

Yarn 하마나카 알파카 모헤어피누
How to make p.118

pattern ④

구슬뜨기 무늬의 핸드워머

자외선 차단용으로 쓰는 핸드워머는
면과 마를 합친 실로 떠서 시원한 촉감으로 완성합니다.
베레모와 같은 무늬지만 실 표정의 차이를 즐겨보세요.
내추럴한 옷차림에 잘 어울립니다.

Yarn 다루마 손뜨개실 코튼&마 라지
How to make p.120

pattern ⑤

작은 꽃무늬의 뫼비우스 숄

어려워 보이는 코바늘 뫼비우스 뜨기는 처음의 '비틀기'가
성공의 열쇠. 1단만 잘 뜨면 나머지는 쑥쑥 즐겁게 뜰 수 있고,
자연스럽게 비틀어져서 뫼비우스의 띠가 만들어집니다.
파우더 핑크의 작은 꽃무늬는 만개한 라일락 꽃 같은 상냥한 느낌.

Yarn 리치모어 바카라・에폭크
Making 다치노 가요코
How to make p.109
Point Lesson p.44

pattern ⑥

케이프&오버 스커트

케이프는 손뜨개 아이템 중에서도 특히 고풍스러운 아이템인 것 같습니다. 어깨에 걸치면 가냘픈 어깨나 가슴, 긴 목이 강조되어 여성스러운 느낌. 초록빛이 도는 아름다운 블루도 마음에 듭니다.

Yarn 다루마 손뜨개실 원모에 가까운 메리노울
How to make p.116

허리에 감으면 오버 스커트로도 사용할 수 있습니다.

pattern ⑦,⑧

튜닉

일반적인 원피스 모양 튜닉은 요크에는 구슬뜨기의 파도무늬를, 스커트 부분은 심플한 연속무늬를 넣어 깔끔하게 완성했습니다. 코디하기 편한 그레이 튜닉에는 리본만 바꿔줘도 이미지가 달라집니다.

Yarn 리치모어 바카라풀 〈파인〉
Making 다치노 가요코
How to make p.122

Point Lesson 1

작은 꽃무늬의 코바늘 케이스 뜨는 법 photo p.29 뜨개 도안 p.103

겉면은 작은 꽃 모티브를 연결하고, 안면의 바늘 수납 부분은 바느질에 자신이 없어서 주머니와 뚜껑을 하나로 이어 떴습니다. 실이 얼마 남지 않아서 주머니를 짧게 떴지만, 여유가 있으면 좀 더 길게 해도 좋을 거 같습니다.

※ 알기 쉽게 실을 바꿔 설명합니다.

● 모티브 연결하기

1길긴뜨기끼리 연결할 때는 일단 바늘을 빼고 다시 넣습니다.

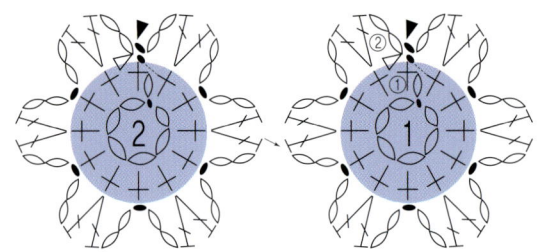

모티브를 1장 뜨고, 2번째 장을 연결 위치까지(1길긴뜨기 1코) 뜹니다.

바늘에 걸려 있는 코를 크게 해서 일단 바늘을 빼고 1번째 장 모티브의 1길긴뜨기 머리(1길긴뜨기 2번째 코)에 바늘을 넣습니다.

2번째 장의 모티브 코에 바늘을 다시 넣고, 바늘에 걸려 있는 코를 빼냅니다.

빼낸 모습.

바늘에 실을 걸어 2번째 장의 모티브를 계속 뜹니다(1길긴뜨기).

1길긴뜨기를 뜨면 2장의 모티브가 이어집니다.

계속해서 2번째 장의 모티브를 뜹니다.

2장의 모티브가 1길긴뜨기로 이어졌습니다. 같은 방법으로 모든 모티브를 연결합니다. 1장을 뜰 때마다 실 처리를 하면 좋습니다.

● 바늘 수납 부분의 주머니 뜨기

1단은 1길긴뜨기를 합니다.

2단부터는 앞뒤로 나눠서 뜹니다. 바늘에 걸려 있는 코에 단수링을 걸어 쉼코로 둡니다.

③ 새로운 실로 주머니(앞쪽)를 뜹니다. 첫째 단의 1길긴뜨기 머리의 뒤쪽 반코를 줍습니다.

④ 첫째 단의 1길긴뜨기 머리 뒤쪽 반코에 바늘을 넣어 새로운 실을 빼냅니다. (※ 알기 쉽게 색을 바꿨습니다.)

⑤ 기둥으로 세워질 사슬을 3코 뜹니다.

⑥ 바늘에 실을 걸어 다음 1길긴뜨기 머리 뒤쪽 반코를 주워 1길긴뜨기로 이랑뜨기를 합니다.

⑦ 계속 1길긴뜨기로 이랑뜨기를 합니다.

⑧ 2단 마무리는 아랫단의 기둥코 3번째 사슬코의 반코를 주워 1길긴뜨기를 합니다.

사슬 3코로 기둥을 세우고 뒤집어서 1길긴뜨기를 합니다.

도안대로 주머니 부분(앞쪽)을 7단 뜨고 실을 잘라 빼냅니다(실제로는 좌우 69코를 뜹니다).

단수링을 걸어 쉼코로 둔 코(2)에 바늘을 넣어 주머니 뒤쪽을 뜹니다.

기둥으로 세워질 사슬 3코를 뜨고 아랫단의 1길긴뜨기 머리에 남아 있는 반코(앞쪽)를 줍습니다.

이렇게 남은 앞쪽 반코에 바늘을 넣어 줍습니다.

1길긴뜨기를 합니다.

같은 방법으로 계속 1길긴뜨기를 합니다.

마지막 코는 아랫단의 기둥코 3번째 사슬코의 반코를 주워 1길긴뜨기를 합니다.

1단 완성. ③~⑩에서 뜬 주머니 부분과 겹쳐졌습니다.

계속 도안대로 8단까지 뜹니다.

※ 주머니 부분(앞쪽)과 뒤쪽을 같이 뜬다(9단).

기둥으로 세워질 사슬을 3코 뜹니다.

겉으로 뒤집어 주머니 부분(앞쪽)과 2장을 같이 뜹니다. 바늘에 실을 걸어 끝에서 2번째 코의 1길긴뜨기 머리를 2장 같이 줍고,

바늘에 실을 걸어 1길긴뜨기를 합니다.

1길긴뜨기를 하니 2장이 이어졌습니다. 다시 바늘에 실을 걸어 2장을 같이 주워 1길긴뜨기를 1코 더, 2장을 같이 뜹니다.

계속 사슬 1코를 뜨고, 다음 1길긴뜨기부터는 1장만 주워서 뜹니다.

계속 뜨고 지정 위치에서는 2장을 같이 주워서 뜹니다. 2장을 이렇게 연결하면서 뜨면 바늘을 수납하는 부분이 완성됩니다.

계속 뜹니다. 지정 위치에서 2장을 같이 주워서 뜹니다.
마지막 코는 아랫단의 기둥코 사슬 반코와 뒷산을 각각 주워 1길긴뜨기를 합니다.

주머니 부분이 완성됐습니다. 계속 본체 안쪽 1장만 떠갑니다 (실제는 69코).

Point Lesson 2

작은 꽃무늬의 뫼비우스 숄 photo p.35 뜨개 도안 p.109

원형으로 뜨기만 하면 자연스럽게 꼬아지는 뫼비우스의 띠 같은 신기한 숄.
작은 꽃이 연속되는 것처럼 보이는 무늬는 긴뜨기의 구슬뜨기로 뜹니다.
긴뜨기의 다리가 짧아지지 않게 볼록하고 길게 실을 빼내는 것과 다리의 길이를 가능한 한 맞춰 뜨는 것이 예쁘게 완성하는 팁입니다.
어디를 뜨는지 헷갈리기 쉬우니 차분하게 도안을 따라가세요. 무늬에 패턴이 잡히면 쑥쑥 즐겁게 뜰 수 있습니다.
※ 알기 쉽게 실을 바꿔 설명합니다.

● 시작코

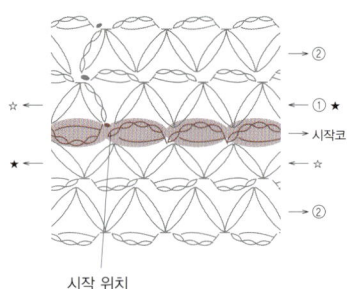

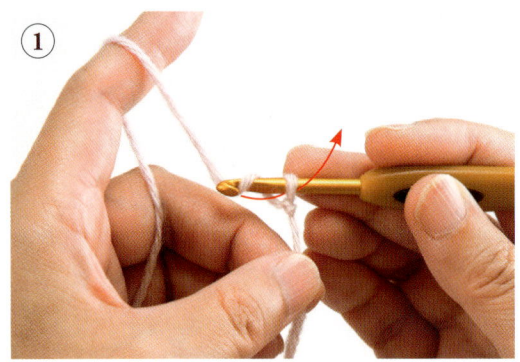

사슬 4코를 뜹니다.

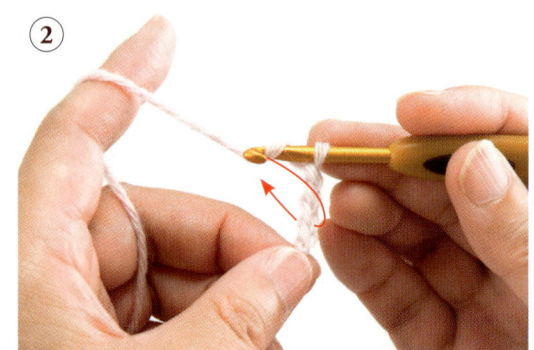

바늘에 실을 걸어 첫째 코의 사슬 반코와 뒷산을 줍습니다.

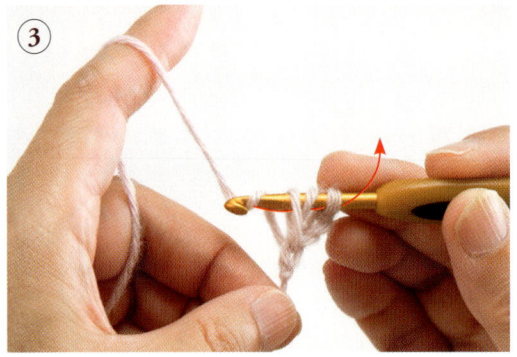

실을 길게 빼내고 긴뜨기를 합니다.

긴뜨기가 완성된 모습.

앞뒤를 알아보기 쉽게 뒤쪽에 표시를 해둡니다.

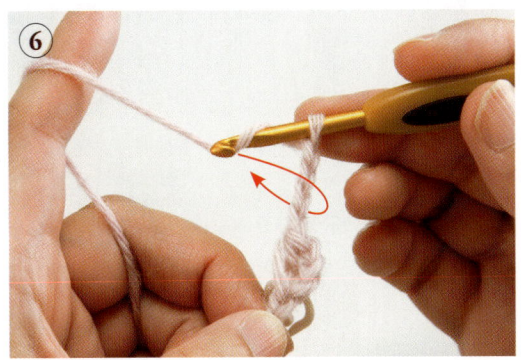

계속 사슬을 4코 뜨고 첫째 코의 반코와 뒷산을 주워 긴뜨기를 합니다.

무늬 2개가 완성된 모습.

같은 방법으로 56무늬를 뜹니다.
(※ 알기 쉽게 40무늬로 뜨고 있습니다.)

시작코를 뒤로 하고 원을 비틉니다.

②에서 줍지 않은 반코를 뒤쪽에서 줍습니다.

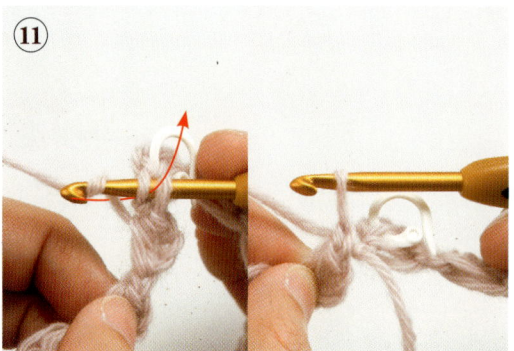

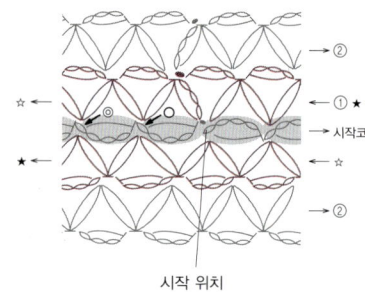

● 1단

※ 알기 쉽도록 실을 바꿔 설명합니다.

실을 걸어 빼내고 원형으로 만듭니다. 시작단이 완성되었습니다.

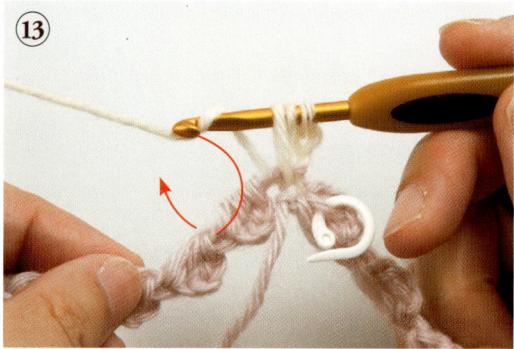

기둥으로 세워질 사슬을 3코 뜨고(다리를 길게 빼내는 긴뜨기라서 기둥코를 2코가 아니라 3코로 한다), 바늘에 실을 걸어 ⑩과 같은 코를 줍습니다.

실을 걸어 빼내고(미완성의 긴뜨기를 한다), 바늘에 실을 걸어 시작코의 긴뜨기 아래쪽(○표)을 줍습니다.

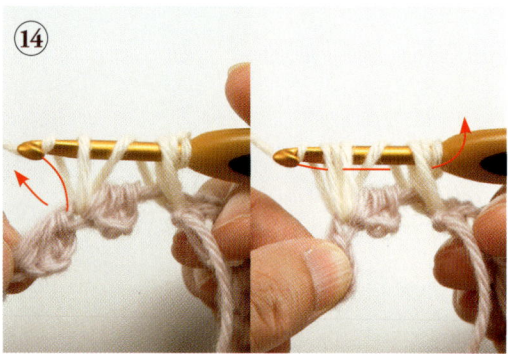

실을 걸어 빼내고(미완성의 긴뜨기를 한다), 다시 실을 걸어 같은 코에 1코 더 미완성의 긴뜨기를 하고, 바늘에 걸려 있는 모든 고리를 한 번에 빼냅니다.

빼낸 모습. 긴뜨기 2코 구슬뜨기 2코 한 번이 완성됐습니다.

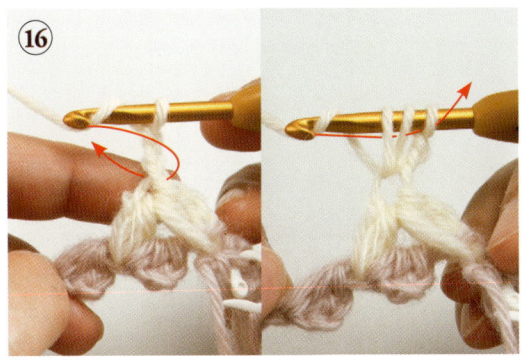

계속 사슬을 3코 뜨고 첫째 코의 사슬 반코와 뒷산을 주워 긴뜨기를 합니다.

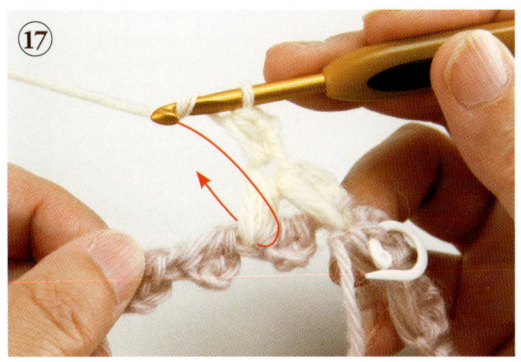

바늘에 실을 걸어 ⑬과 같은 곳에 바늘을 넣어,

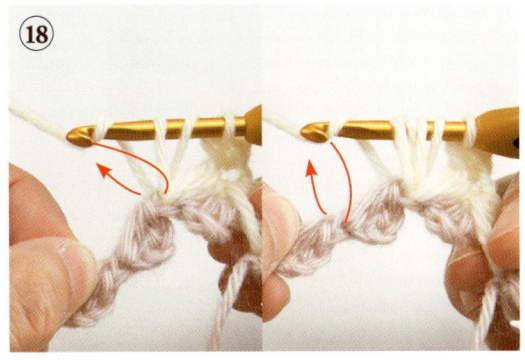

미완성의 긴뜨기 2코를 뜨고 아랫단 다음 무늬 아래쪽(◎ 표)에 바늘을 넣고,

미완성의 긴뜨기 2코를 뜨고 바늘에 걸려 있는 모든 고리를 한 번에 빼냅니다.

빼낸 모습. 긴뜨기 2코 구슬뜨기 2코 한 번이 완성됐습니다.

⑯과 같은 방법으로 계속 사슬 3코를 뜨고 첫째 코의 사슬 반코와 뒷산을 주워 긴뜨기를 합니다. ⑯~⑳을 반복해서 무늬를 뜹니다.

무늬를 만들면서 한 바퀴 뜬 모습. 원을 비틀었기 때문에 같은 면에 무늬를 뜨는 것 같아도 저절로 꼬아져 반대 면에 무늬가 생깁니다.

두 바퀴째도 같은 방법으로 뜹니다.

한 바퀴의 반대쪽을 주워 무늬를 뜹니다.

두 바퀴의 마무리는 ⑮의 긴뜨기 2코 구슬뜨기 2코 한 번의 머리에서 빼냅니다.

한 바퀴 시작과 두 바퀴 끝이 이어져 1단이 완성됐습니다.

이렇게 시작코 양쪽에 1단을 뜹니다. 원은 저절로 꼬여집니다.

● 2단

※ 알기 쉽도록 실을 바꿔 설명합니다.

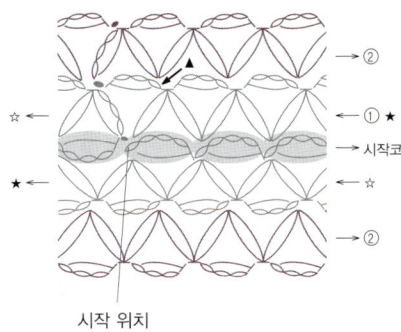

뜨개지를 뒤집어서 기둥으로 세워질 사슬 3코를 뜹니다.

㉕와 같은 코를 주워 미완성 긴뜨기를 하고, 바늘에 실을 걸어 아랫단의 긴뜨기를 한 사슬코(▲표)를 주워 미완성 긴뜨기 2코를 뜨고 모든 고리를 한 번에 빼냅니다.

계속 1단과 같은 방법으로 무늬를 뜹니다. 한 바퀴 뜬 모습. 계속 한 바퀴의 반대쪽에 두 바퀴째를 뜹니다.

두 바퀴 마무리는 ㉙에서 뜬 긴뜨기 2코 구슬뜨기 2코 한 번의 머리에서 빼냅니다.

2단이 완성됐습니다. 이렇게 단이 늘어납니다. 두 바퀴가 1단, 1단씩 방향을 바꾸면서 뜹니다.

Yarn Sample 실물크기 실 샘플

실 데이터

하마나카

1. ●에크시드 울FL 〈합태〉
   울 100%(에크스트라 파인메리노 사용)
   40g 1볼(약120m)／합태 타입／코바늘 4/0호

2. ●하마나카 순모중세
   울 100%
   40g 1볼(약160m)／중세 타입／코바늘 3/0호

3. ●바스크
   울 100%
   50g 1볼(약45m)／초극태 타입／점보 코바늘 8mm

4. ●페어 레이디 50
   울 70%(방축가공 울 사용), 아크릴 30%
   40g 1볼(약100m)／병태 타입／코바늘 5/0호

5. ●플랙스C
   마(리넨)82%, 면18%
   25g 1볼(약104m)／중세 타입／코바늘 3/0호

6. ●알파카 모헤어피누
   모헤어 35%, 아크릴 35%, 알파카 20%, 울 10%
   25g 1볼(약210m)／병태 타입／코바늘 4/0호

파피

7. ●제트랜드
   울 100%(영국양모 100% 사용)
   40g 1볼(90m)／병태 타입／코바늘 5/0~7/0호

8. ●파피 뉴2PLY
   울 100%(방축 가공)
   25g 1볼(215m)／극세 타입／코바늘 5/~7/0호

9. ●파피 뉴4PLY
   울 100%(방축 가공)
   40g 1볼(150m)／중세 타입／코바늘 2/0~4/0호

10. ●브리티시 에로이카
    울 100%(영국양모 50% 사용)
    50g 1볼(83m)／극태 타입／코바늘 8/0~10/0호

11. ●모헤어 아르마티
    모헤어 60%, 아크릴 40%
    50g 1볼(160m)／합태 타입／코바늘 7/0~8/0호

리치모어

12. ●퍼센트
    울 100%
    40g 1볼(120m)／합태 타입／코바늘 5/0~6/0호

13. ●바카라 · 에폭크
    알파카 33%, 울 33%, 모헤어 24%, 나일론 10%
    40g 1볼(80m)／극태 타입／코바늘 7/0~8/0호

14. ●바카라 · 퓨루 〈파인〉
    울 40%, 알파카 33%, 모헤어 16%, 나일론 11%
    30g 1볼(140m)／중세 타입／코바늘 4/0~5/0호

다루마 손뜨개실(요코타)

15. ●원모에 가까운 메리노울
    울(메리노) 100%
    30g 1볼(91m)／병태 타입／코바늘 7/0~7.5/0호

16. ●코튼&마 라지
    면 70%, 리넨 15%, 라미 15%
    50g 1볼(201m)／중세 타입／코바늘 3/0~4/0호

17. ●메리노스타일 합태
    울(메리노) 100%
    40g 1볼(137m)／합태 타입／코바늘 4/0~5/0호

호비라호비레

18. ●울 스위트
    울 100%(메리노울)
    25g 1볼(70m)／합태 타입／코바늘 5/0~6/0호

19. ●로빙룰
    울 90%, 모헤어 10%
    40g 1볼(140m)／합태 타입／코바늘 4/0~6/0호

올림포스

20. ●에미그란데 〈컬러즈〉, 〈허브즈〉
    면 100%
    〈컬러즈〉 10g 1볼(44m)
    〈허브즈〉 20g 1볼(88m)／합세 타입／코바늘 0~2/0호

motif 1

|| page 8 ||

원형 모티브의 넥워머

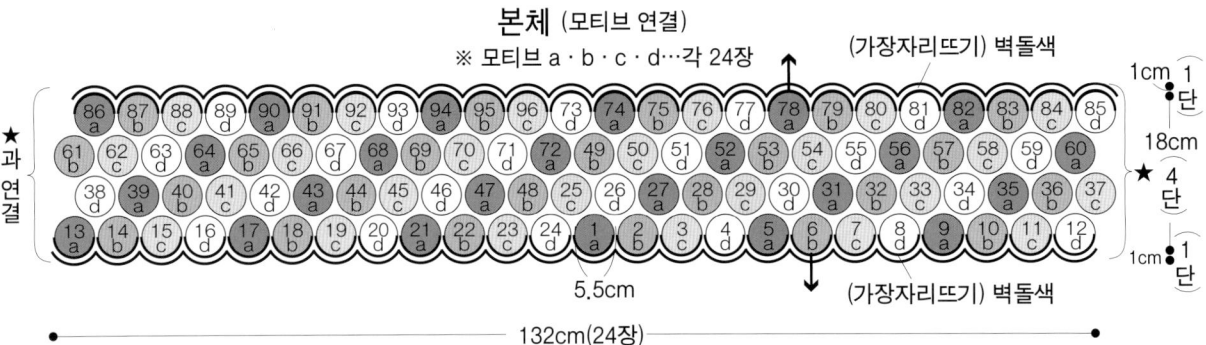

※ 숫자는 모티브를 연결하는 순서

* **실**

하마나카 알파카 모헤어피누 벽돌색(15) 50g 담갈색(3) 20g 갈색(18) 18g 베이지(2) 15g

* **바늘**

코바늘 6/0호

* **완성치수**

폭 20cm, 길이 132cm

* **게이지**

모티브 직경 5.5cm

* **뜨는 법 포인트**

· 모티브는 사슬 6코로 고리를 만들어 배색하면서 3단까지 뜬다. 모티브 a, b, c, d를 각각 24장 뜬다.

· 4단은 모티브를 연결하면서 뜬다. 1장부터 24장까지를 돌면서 1열 원형으로 연결하고 25장부터 48장까지를 2열로 해서 1열과 연결하면서 뜬다. 3, 4열도 같은 방법으로 연결하면서 뜬다.

· 연결한 모티브 양끝에 가장자리뜨기를 각각 1단씩 뜬다.

모티브 배색표

단수	모티브a	모티브b	모티브c	모티브d
4단	벽돌색			
3단	갈색	담갈색	벽돌색	베이지
2단	담갈색	벽돌색	베이지	벽돌색
1단	벽돌색	갈색	갈색	담갈색
	24장	24장	24장	24장

▷ = 실 잇기
► = 실 끊기

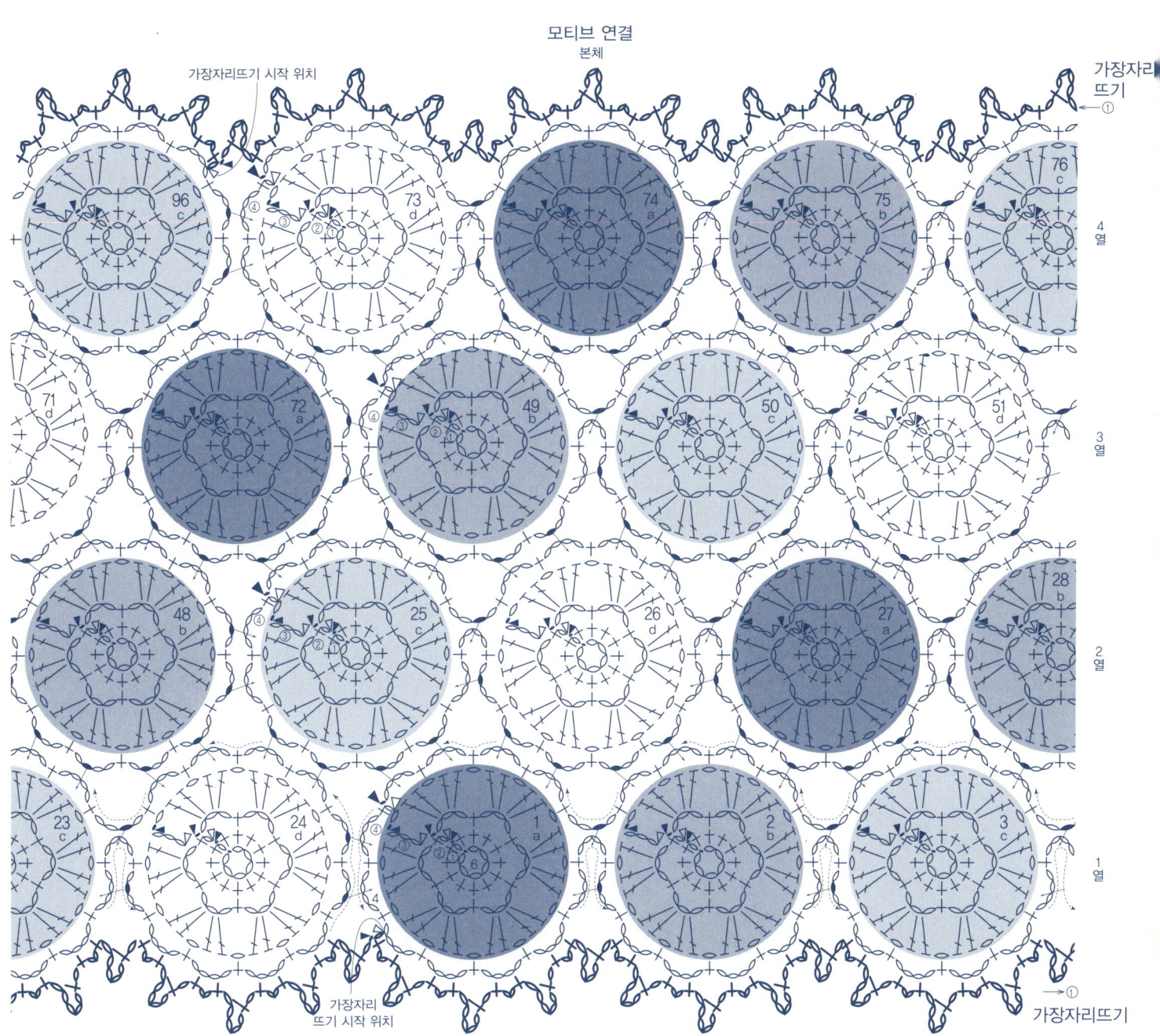

motif 1 ‖ page 9 ‖

원형 모티브의 넥워머

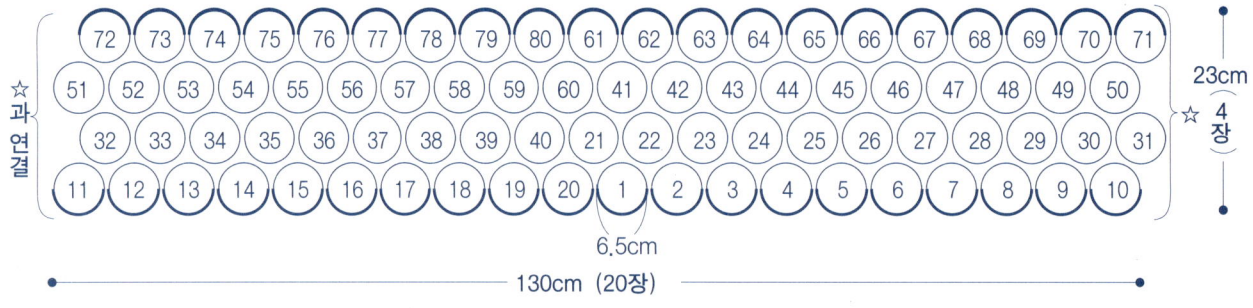

* **재료**
다루마 손뜨개실 원모에 가까운 메리노울 베이지(2) 130g

* **바늘**
코바늘 7.5/0호

* **완성치수**
폭 23cm, 길이 130cm

* **게이지**
모티브 직경 6.5cm

* **뜨는 법 포인트**
  · 모티브는 사슬 6코로 고리를 만들어 4단까지 뜬다.
  · 2번째 장부터는 4단에서 먼저 뜬 모티브와 연결하면서 80장을 뜬다.

► = 실 끊기

모티브 연결
본체

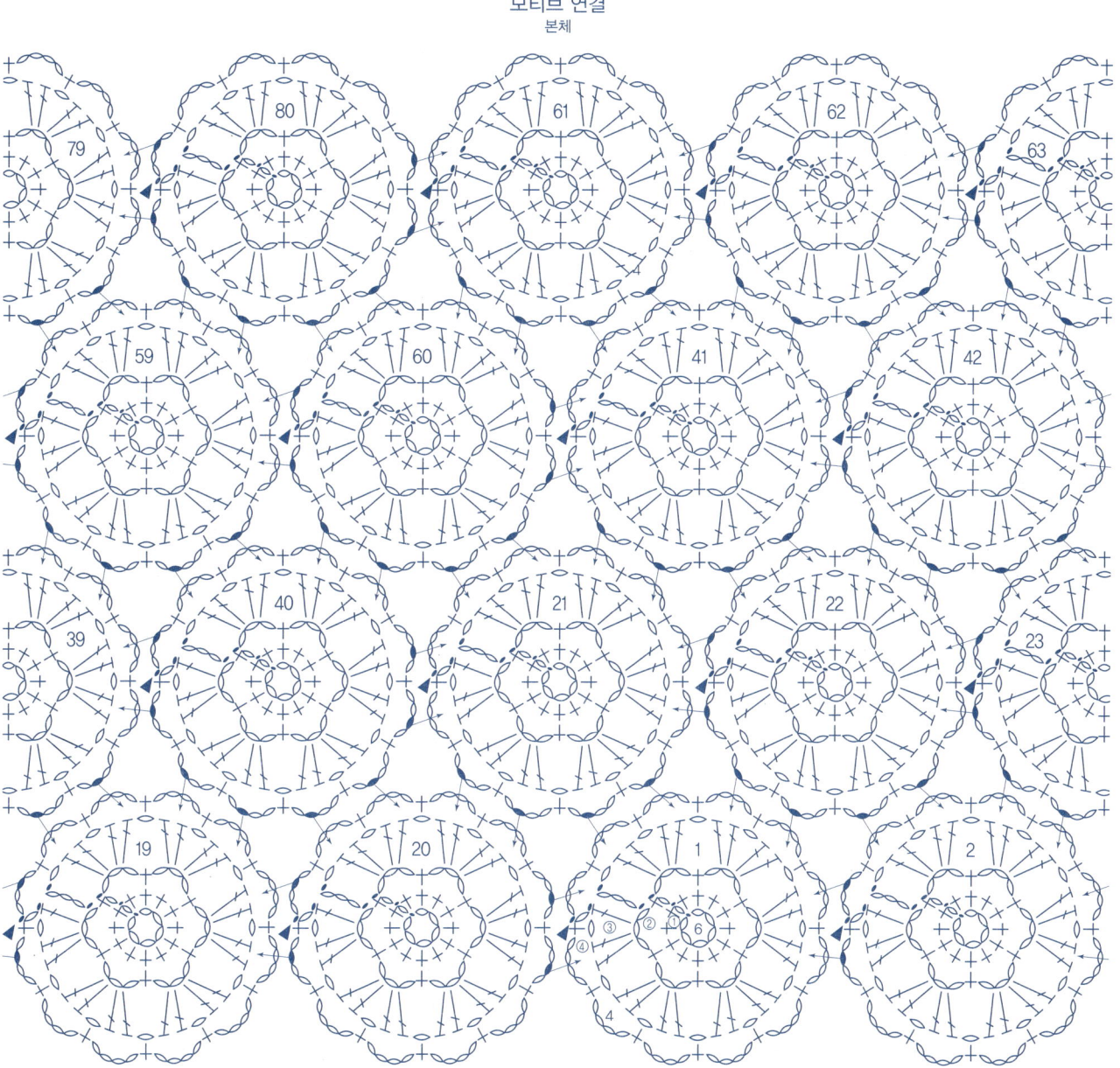

motif 2 & pattern 1 ‖ page 10 ‖

모티브가 들어간 볼레로

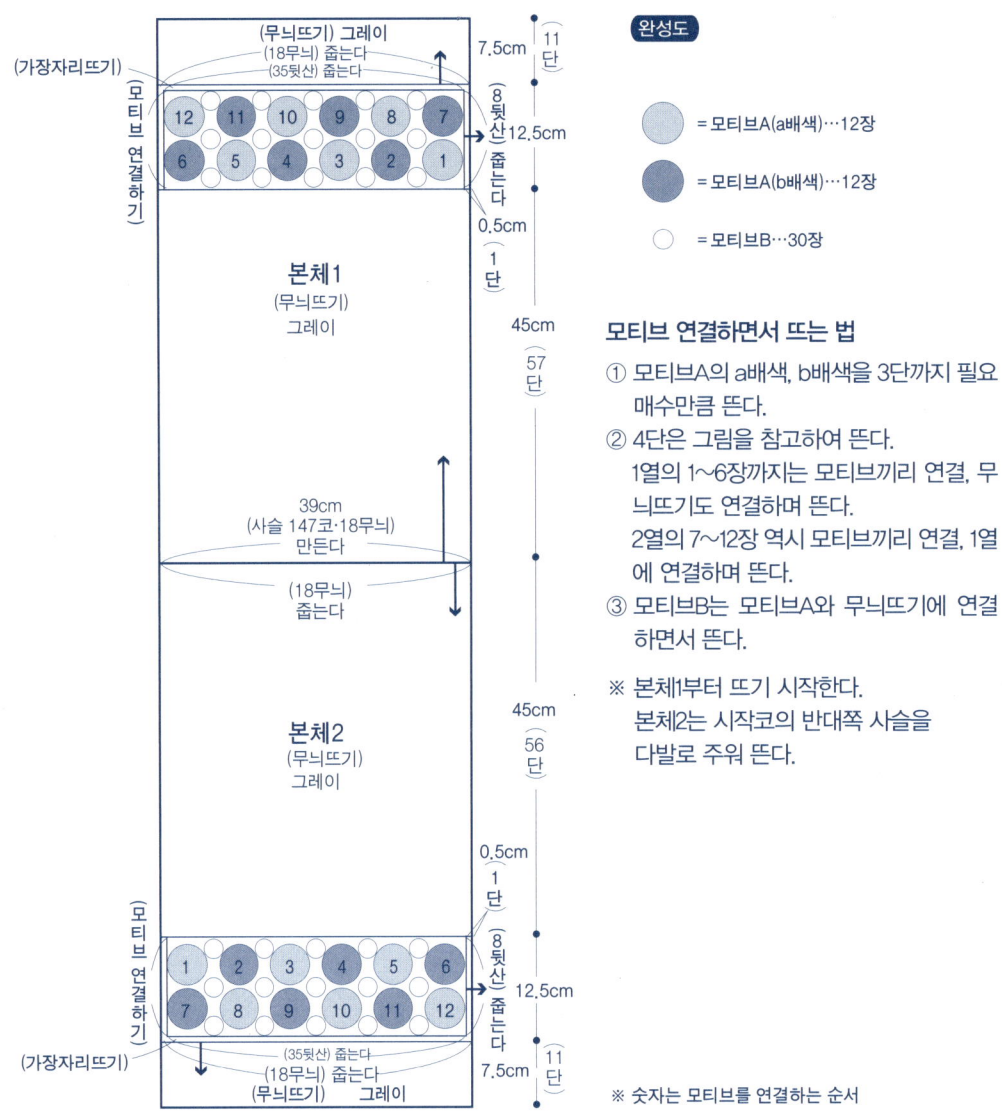

* 실
하마나카 알파카 모헤어피누 그레이(4) 150g 아이보리(1) 20g 연노랑(21) 15g 블루(7) 10g
직경 1.2cm 단추 8개 폭 0.4cm 아이보리 리본 80cm 2줄

* 바늘
코바늘 5/0호

* 완성치수
폭 39cm, 길이 131cm

* 게이지
10cm 평방 무늬뜨기 37.5코×12.5단

모티브A 배색표

단수	a배색	b배색
4단	그레이	
3단	아이보리	
2단	연노랑	그레이
1단	블루	연노랑
	12장	12장

모티브A — 6cm

모티브B — 2.5cm

고리

= 긴뜨기 5코 변형 구슬뜨기

▷ = 실 잇기
▶ = 실 끊기

완성도

리본을 끼운다 (80cm)
단추를 단다 (8곳)

* **뜨는 법 포인트**
- 본체1은 사슬 147코를 만들어 뜨기 시작하고, 무늬뜨기로 57단 뜬다.
- 모티브 연결 부분은 모티브A를 3단까지 배색하면서 24장을 뜬다. 4단은 모티브를 연결하면서 뜬다. 1장부터 6장까지를 1열 가로로 연결하고, 본체1과 연결하면서 뜬다. 7장부터 12장까지를 2열로 해서 1열과 연결하면서 뜬다, 모티브B는 모티브A와 무늬뜨기에 연결하며 뜬다. 모티브를 연결하면서 코를 주워 가장자리뜨기를 1단 뜨고, 무늬뜨기를 11단 뜬다.
- 본체2는 시작코의 반대쪽에서 코를 주워 무늬뜨기로 56단 뜬다. 모티브를 연결하여 가장자리뜨기, 무늬뜨기는 동일하게 뜬다.
- 단추를 달고 리본은 지정 위치에 끼운다.

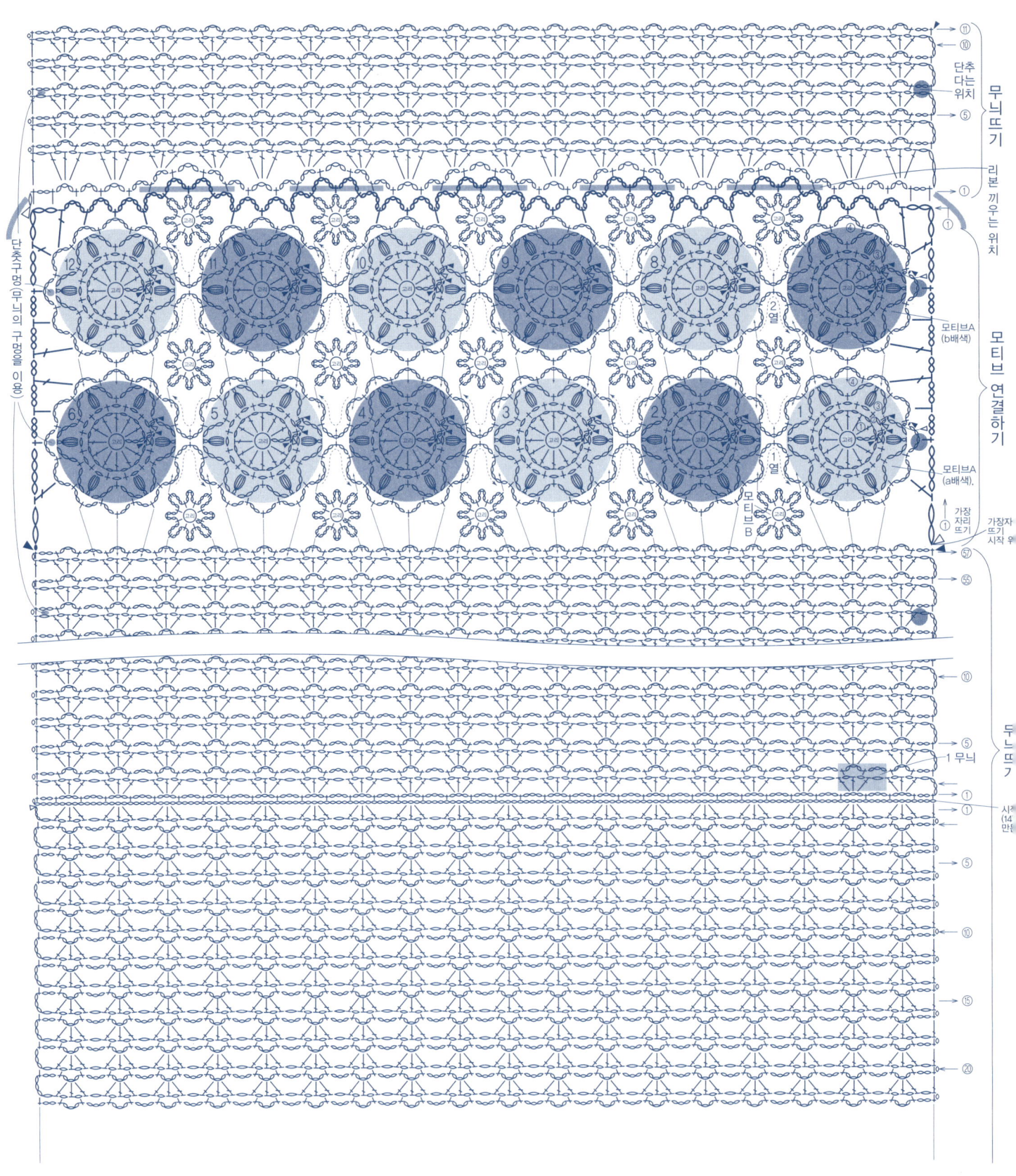

page 13
포동포동 모티브의 그라니 백

motif 4

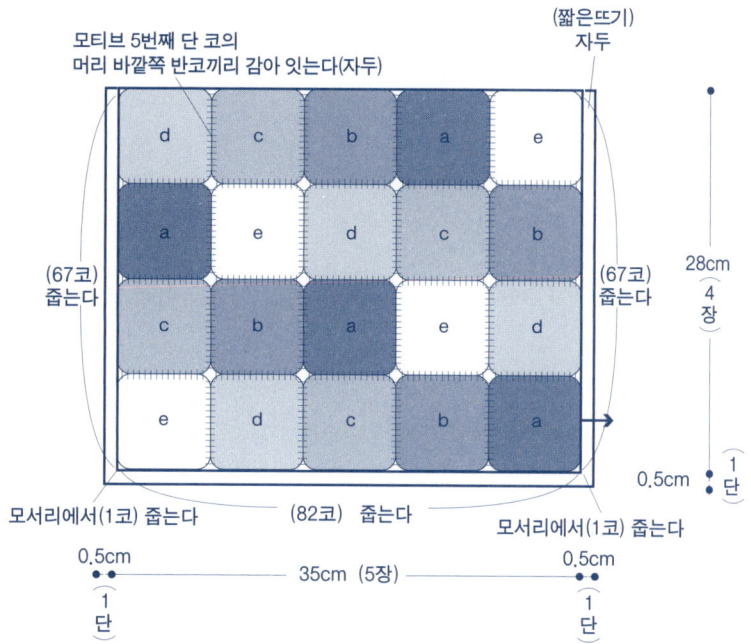

본체 (모티브 연결) 2장
모티브 a·b·c·d·e…각 8장

* **재료**
리치모어 퍼센트　자두색(64) 110g　빨강(75) 30g　노랑(6) 25g　하양(1), 보라(66) 각20g　하늘색(39) 15g　핑크(72) 10g　직경 13cm 목제 원형 손잡이 1쌍

* **바늘**
코바늘 5/0호

* **완성치수**
폭 38cm, 깊이 29.5cm(손잡이 제외)

* **게이지**
모티브 크기 7cm×7cm

모티브

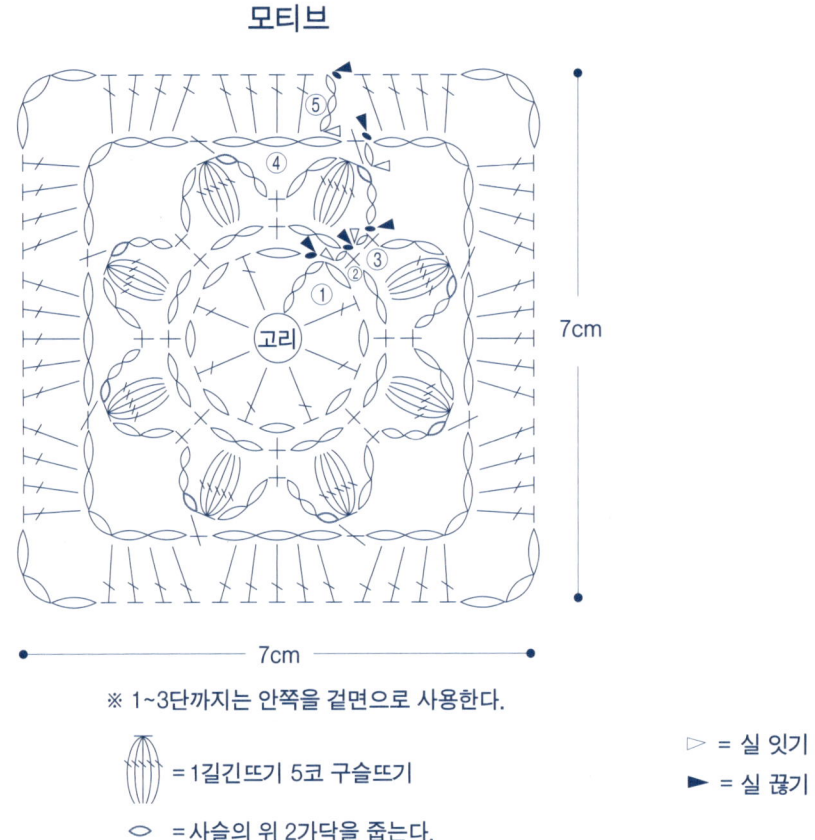

※ 1~3단까지는 안쪽을 겉면으로 사용한다.

= 1길긴뜨기 5코 구슬뜨기

= 사슬의 위 2가닥을 줍는다.

▷ = 실 잇기
▶ = 실 끊기

* **뜨는 법 포인트**
· 본체는 모티브 a · b · c · d · e를 필요 매수만큼 뜬다. 모티브는 실 끝으로 고리를 만들어 뜨기 시작하고 도안을 참고로 배색하면서 5단을 뜬다. 도안을 참고하여 모티브를 배치하고 감아 잇는다. 본체 세 변에 짧은뜨기를 1단 뜬다.
· 본체를 안끼리 맞대고 가장자리뜨기를 2단 뜬다. 이때 2장을 겹쳐서 뜨는 곳과 따로 뜨는 곳이 있으니 조심한다.
· 본체 윗부분에 손잡이 끼우는 부분을 무늬뜨기로 8단을 뜨고, 손잡이를 끼워서 안쪽에 감아 잇는다.

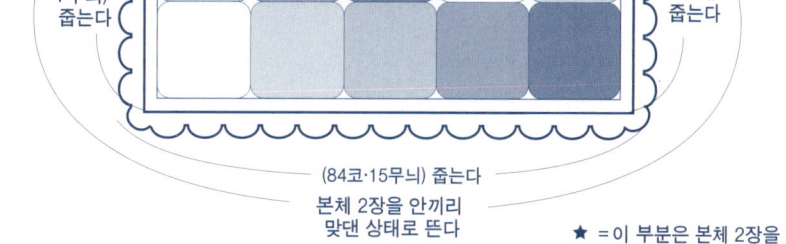

모티브 배색표

단수	모티브a	모티브b	모티브c	모티브d	모티브e
5단	자두	자두	자두	자두	자두
3단	보라	빨강	노랑	하양	하늘색
2·4단	핑크	노랑	빨강	노랑	하양
1단	하늘색	핑크	보라	보라	빨강
	8장	8장	8장	8장	8장

※ 손잡이 끼우는 부분을 접어서 손잡이를 끼우고 안쪽에 감침질을 한다.

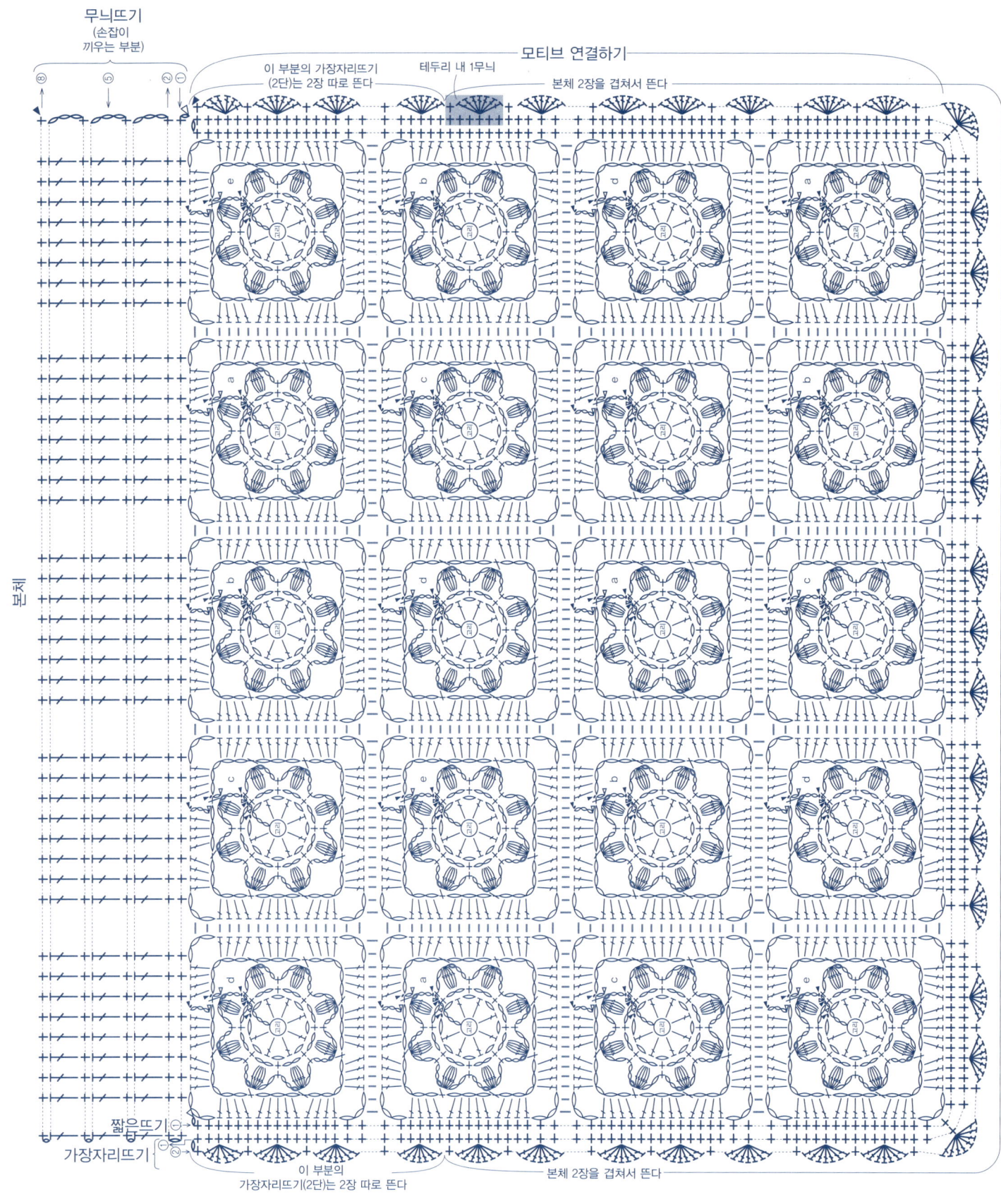

|| page 12 ||

✻ 2겹 모티브 숄

motif 3

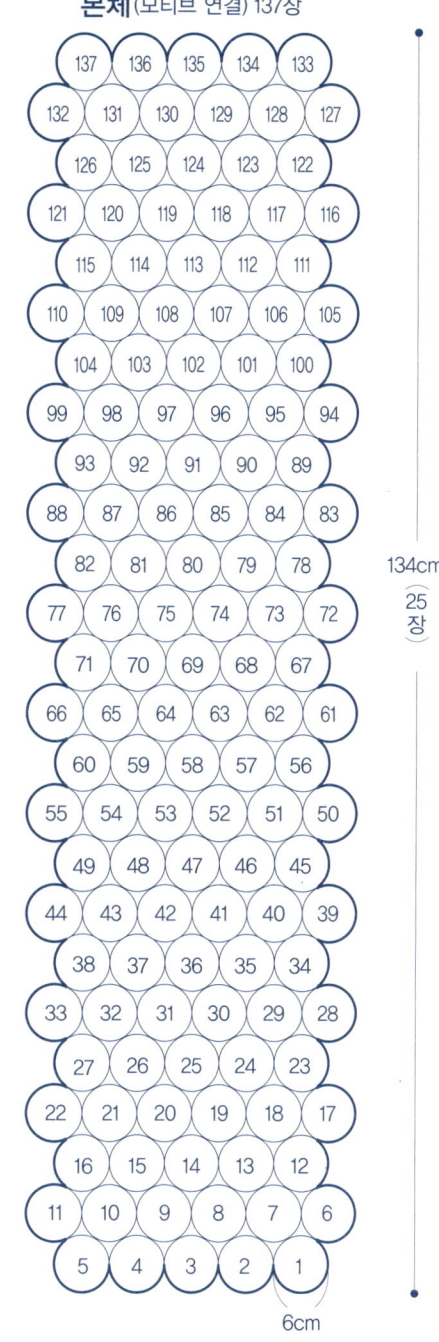

✻ 재료
파피 뉴2PLY 빨강(221), 셔벗 오렌지(258) 각 95g

✻ 바늘
코바늘 6/0호

✻ 완성치수
폭 36cm, 길이 134cm

✻ 게이지
모티브 직경 6cm

✻ 뜨는 법 포인트
· 빨강과 셔벗 오렌지를 모두 2겹으로 뜬다.
· 모티브는 사슬 8코로 고리를 만들어 도안을 참고하여 3단 뜬다. 2번째 장부터는 3단에서 먼저 뜬 모티브와 연결하면서 뜨고 모두 137장을 뜬다.

※ 숫자는 모티브를 연결하는 순서

‖ page 12 ‖

모티브를 뜨면서 연결하는 법(3번째 단)

① 1길긴뜨기 1코(‡)를 뜨면 일단 바늘을 뺀다.
② 먼저 뜬 모티브의 지정된 코머리에 바늘을 넣어 뺐던 코를 빼낸다.
③ 다음 1길긴뜨기를 한다(P.38~39 참고).

▶ = 실 끊기

모티브 연결
본체

page 14

motif 5

마가레트 모티브의 사다리꼴 숄

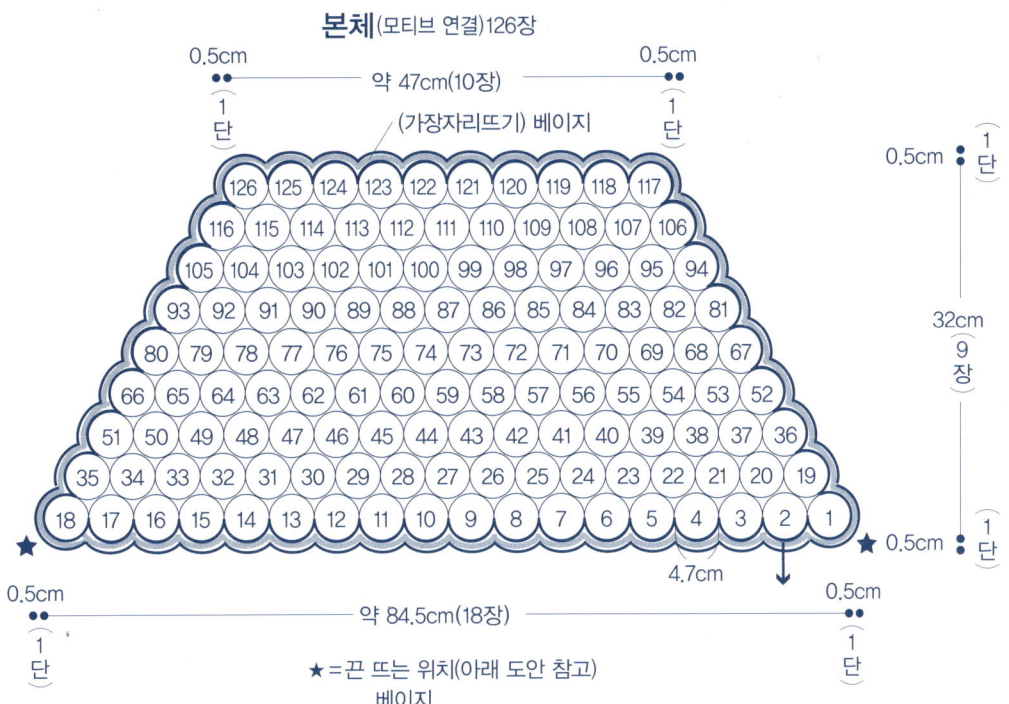

* **재료**

호비라호비레 로빙룰 핑크 그러데이션(01) 80g 울 스위트 베이지(22) 40g

* **바늘**

코바늘 6/0호

* **완성치수**

폭 85.5cm, 길이 33cm

* **게이지**

모티브 직경 4.7cm

* **뜨는 법 포인트**

· 모티브는 실 끝으로 고리를 만들어 1단까지를 126장 뜬다.
· 2단은 모티브를 연결하면서 뜬다. 1~18장을 가로로 1열 연결하고, 2열~9열도 동일하게 전 열에 연결하면서 뜬다.
· 연결한 모티브 주위를 한 바퀴 돌면서 가장자리뜨기로 1단 뜬다.
· 본체의 양끝(★)에 도안을 참고하여 끈을 뜨면서 단다.

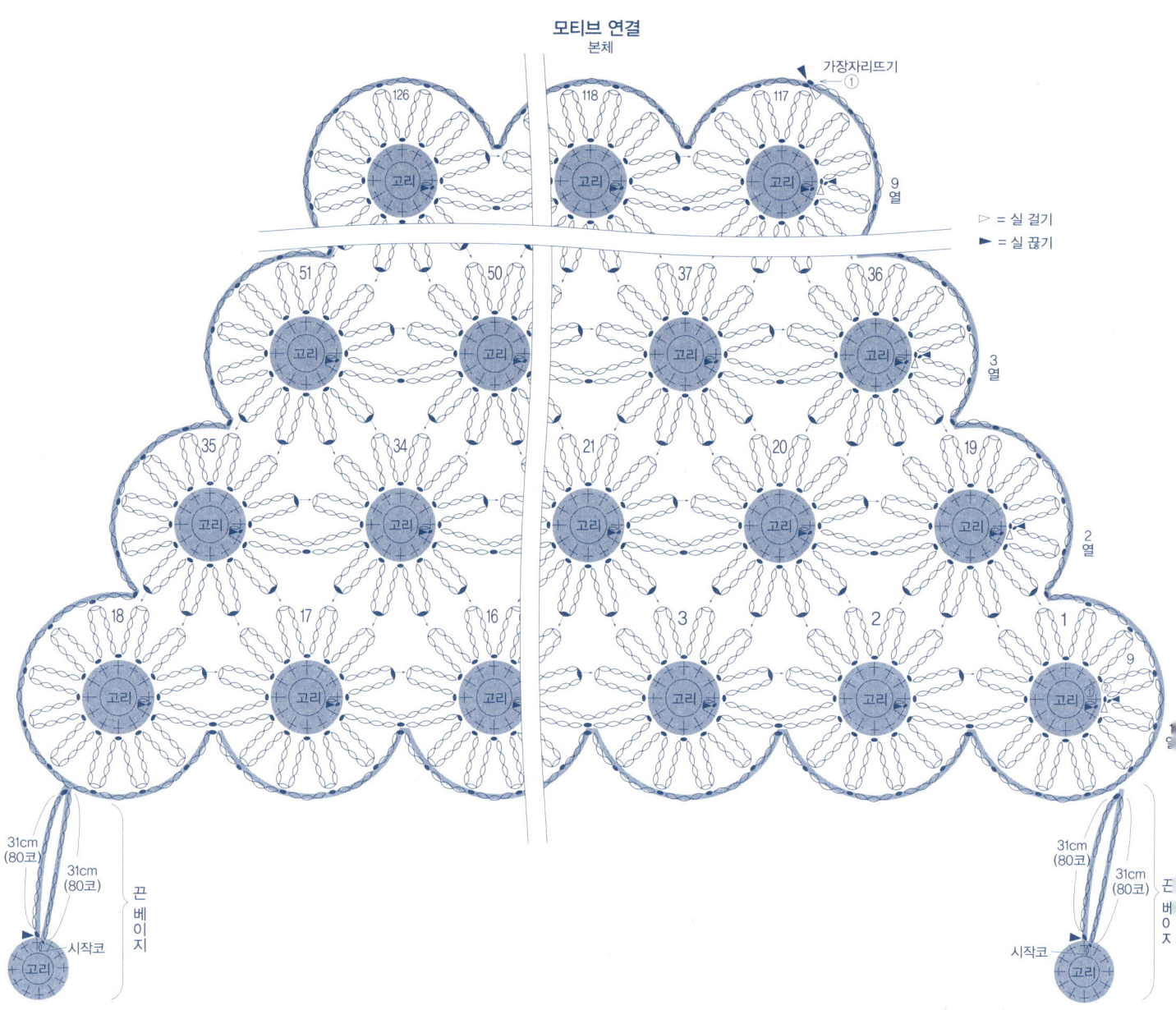

‖ page 15 ‖
모티브 아플리케 숄

motif 6, 7

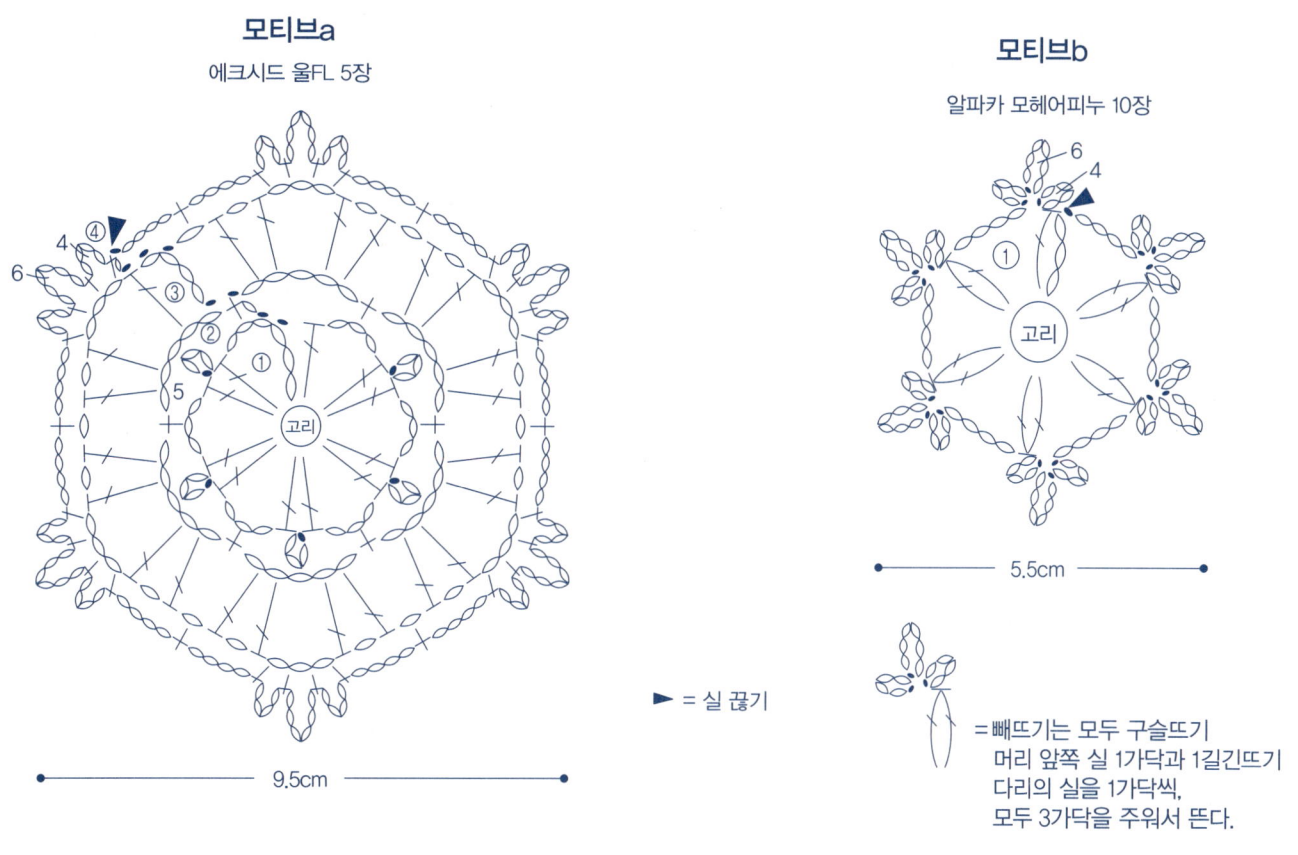

* 재료
하마나카 에크시드 울FL 〈합태〉 아이보리(201) 15g 알파카 모헤어피누 아이보리(1) 15g 시판하는 숄(폭 50cm × 길이 165cm) 1장

* 바늘
코바늘 5/0호

* 게이지
모티브a의 크기 9.5cm
모티브b의 크기 5.5cm

* 뜨는 법 포인트
· 모티브a는 실 끝으로 고리를 만들어 도안을 참고하여 4단 뜬다.
· 모티브b는 실 끝으로 고리를 만들어 도안을 참고하여 1단 뜬다.
· 시판하는 숄에 모티브a, 모티브b를 매치하고 꿰매 붙인다.

page 15

※ 솔 위에 모티브a, b를 올려서 매치하고 바느질한다.

|| page 17 ||

둥글둥글 꽃 모티브의 머리끈&코르사주

motif 10

머리끈

* 재료

호비라호비레 울 스위트 아이보리(21) 3g 하늘색(06) 2g 오렌지(12), 연노랑(11) 각 1g 머리끈 1개

* 바늘

코바늘 6/0호

* 완성치수

도안 참조

* 뜨는 법 포인트

· 꽃잎은 실 끝으로 고리를 만들어 2단 뜬다.
· 꽃 중심은 실 끝으로 고리를 만들어 1단 뜨고 도안처럼 정리한다.
· 완성도를 참고하여 꽃과 머리끈을 뜨면서 연결한다.

코르사주

* 재료

호비라호비레 울 스위트 아이보리(21) 7g 하늘색(06) 4g 오렌지(12) 3g 연노랑(11) 2g 3cm 길이의 코르사주핀 1개

* 바늘

코바늘 6/0호

* 완성치수

도안 참조

* 뜨는 법 포인트

· 꽃잎은 실 끝으로 고리를 만들어 2단 뜬다.
· 꽃의 중심과 줄기는 실 끝으로 고리를 만들어 도안을 참고하여 1단 뜨고, 계속해서 줄기 부분을 뜬다. 1단의 머리에 실을 통과시켜 조이고 남은 실은 안에 넣는다.
· 토대는 실 끝으로 고리를 만들어 4단 뜬다.
· 완성도를 참고하여 꽃과 꽃의 중심&줄기를 정리해서 줄기 부분에 묶는다. 그 위에 코르사주핀을 붙인 토대를 올려서 꿰맨다.

꽃잎

머리끈 { 아이보리…2장(a)
하늘색…1장(b) }

코르사주 { 아이보리…5장(a)
하늘색…3장(b) }

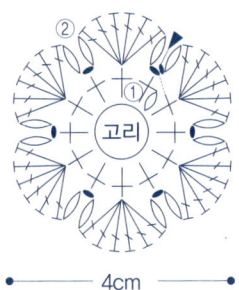

4cm

코르사주 토대

아이보리 1장

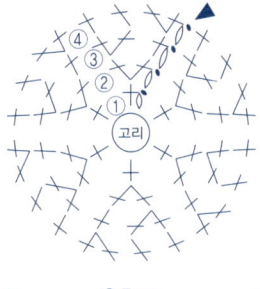

3.5cm

꽃의 중심과 줄기

머리끈 (줄기 없음) { 오렌지…2장(a)
연노랑…1장(b) }

코르사주 (줄기 있음) { 오렌지…5장(a)
연노랑…3장(b) }

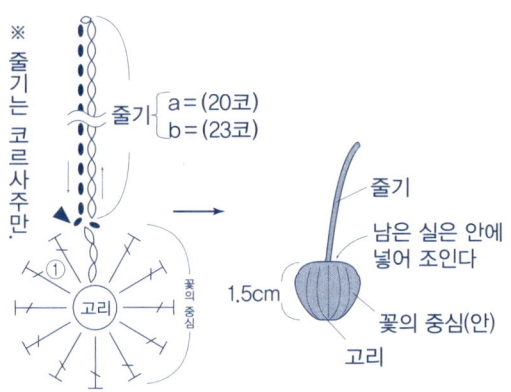

줄기 { a=(20코)
b=(23코) }

1.5cm

줄기
남은 실은 안에 넣어 조인다
꽃의 중심(안)
고리

※ 꽃의 중심은 시작코의 실 끝을 중심에서 겉으로 빼고 1길긴뜨기의 머리 바깥쪽 1가닥에 통과시켜 조인다. 남은 실은 안에 넣는다.

▶ = 실 끊기

꽃잎과 꽃의 중심&줄기의 조합

	a	b
꽃의 중심 & 줄기	오렌지	연노랑
꽃잎	아이보리	하늘색

완성도

머리끈

꽃잎과 꽃의 중심 연결법

꽃의 중심 → 꽃잎

※ 조인 꽃의 중심은 꿰맨 부분을 꽃잎 중심에 꿰맨다.

코르사주

꽃잎과 꽃의 중심&줄기 연결법

꽃잎
줄기
꽃의 중심

※ 꽃의 중심&줄기의 줄기 부분을 꽃잎 중심에 통과시켜 꿰맨다.

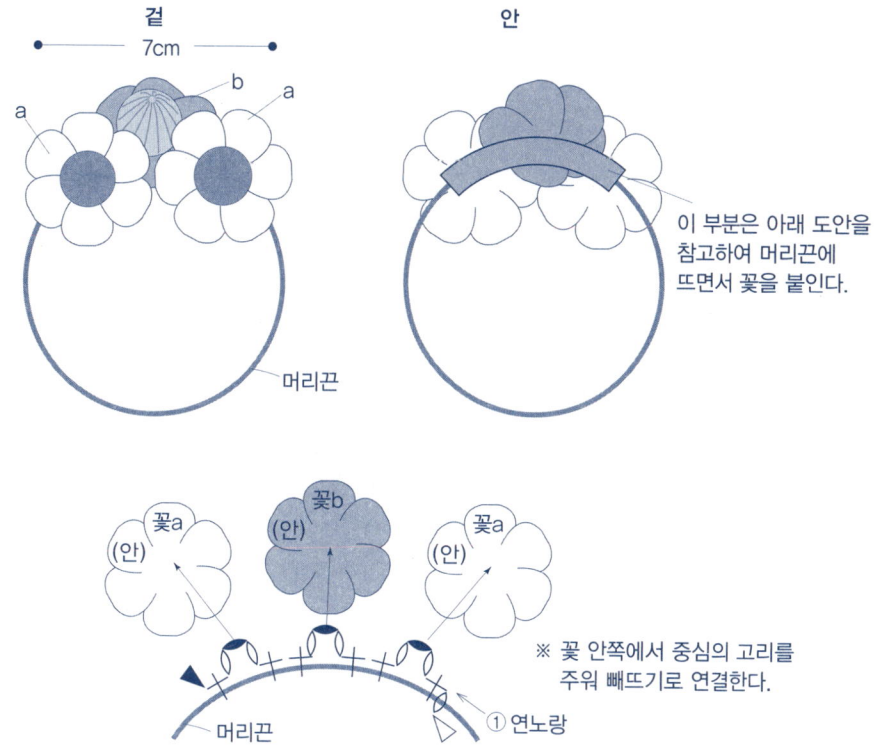

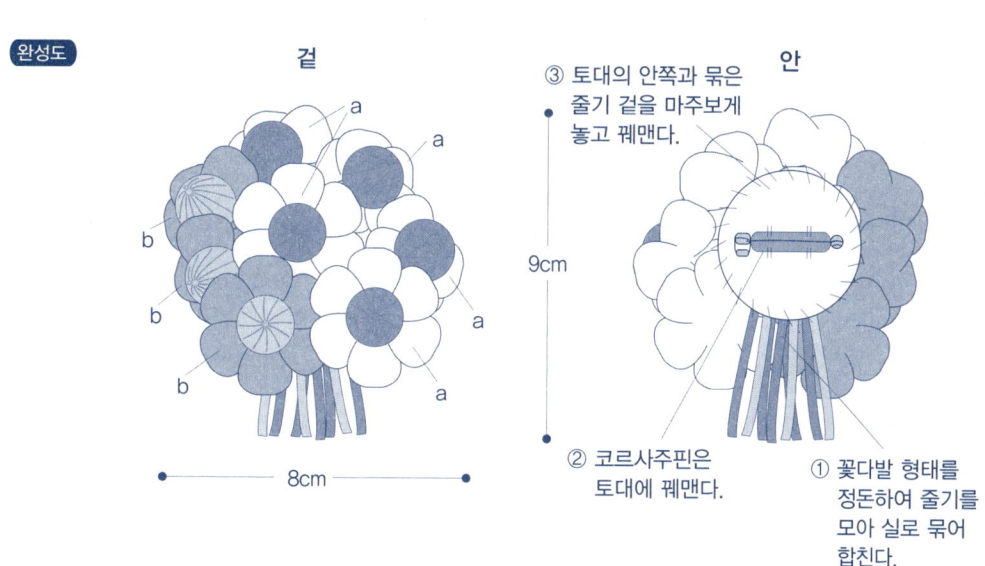

motif 8

|| page 16 ||

원형 모티브의 컬러풀 머플러

본체 (모티브 연결)

모티브a · e · f … 각 11장   모티브c … 22장
모티브b … 24장   모티브d … 23장

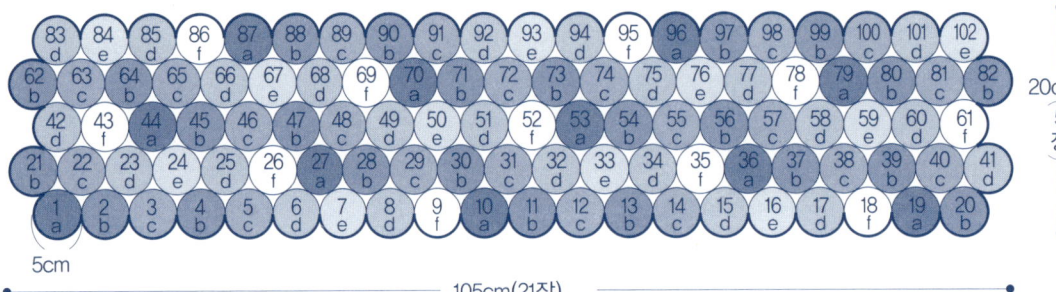

※ 숫자는 모티브를 연결하는 순서

모티브 배색표

단수	모티브a	모티브b	모티브c	모티브d	모티브e	모티브f
3단	베이지					
1 · 2단	갈색	핑크	진빨강	진핑크	겨자색	청록
	11장	24장	22장	23장	11장	11장

* **재료**

파피 뉴4PLY 베이지(444) 37g 핑크(406), 진핑크(462), 진빨강(459) 각 18g 갈색(419), 청록(456), 겨자색(471) 각 11g

* **바늘**

코바늘 5/0호

* **완성치수**

폭 20cm, 길이 105cm

* **게이지**

모티브 직경 5cm

* **뜨는 법 포인트**

· 모티브는 실 끝으로 고리를 만들어 배색하면서 2단까지 뜬다.
  모티브 a · b · c · d · e · f를 각각 필요 매수만큼 뜬다.
· 3단은 모티브를 연결하면서 뜬다. 1장부터 20장까지를 1열로 해서 가로로 연결하고, 21장부터 41장까지를 2열로 해서 1열과 연결하면서 뜬다. 3~5열도 동일하게 연결하면서 뜬다.

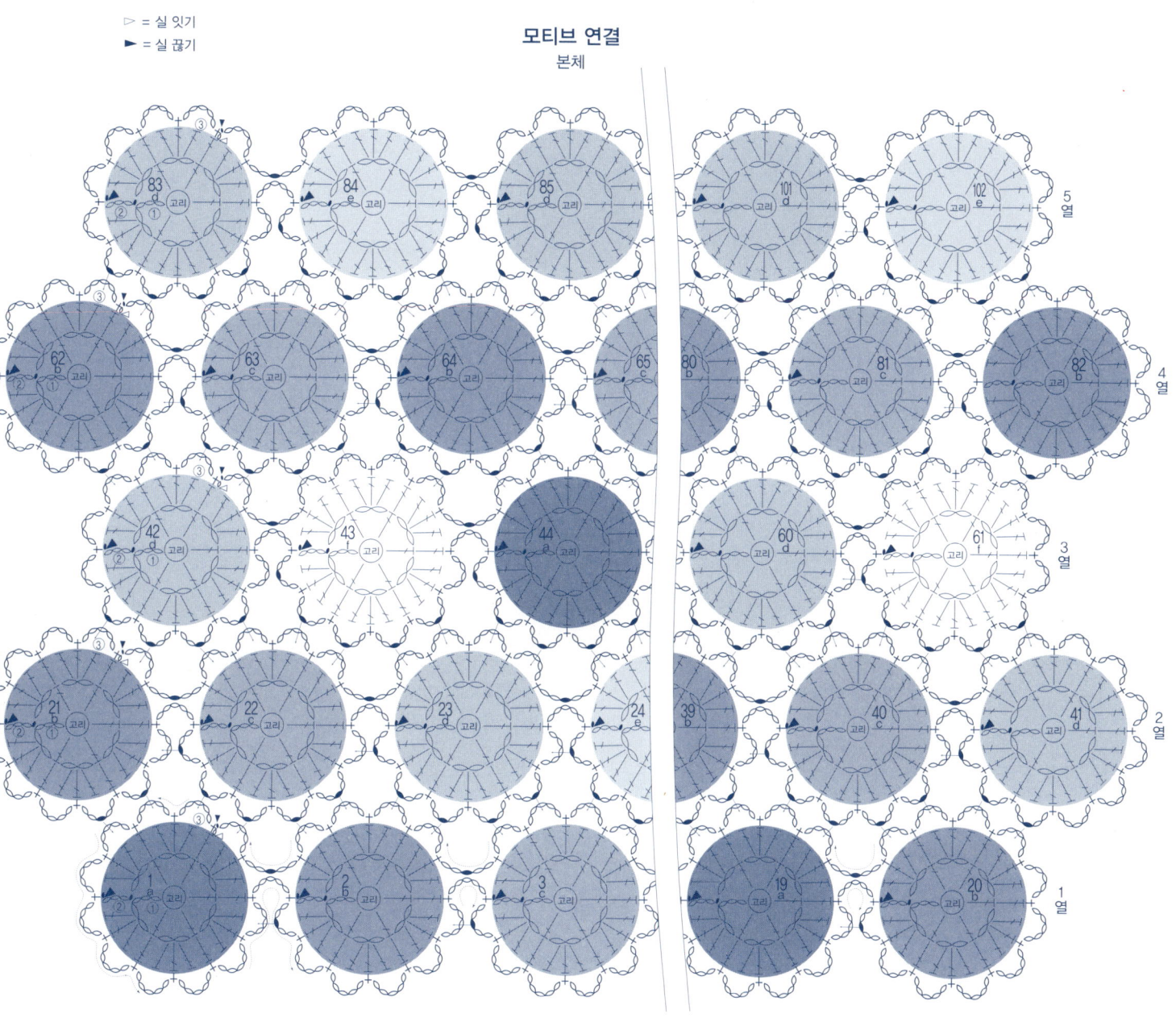

motif 8

원형 모티브의 도일리

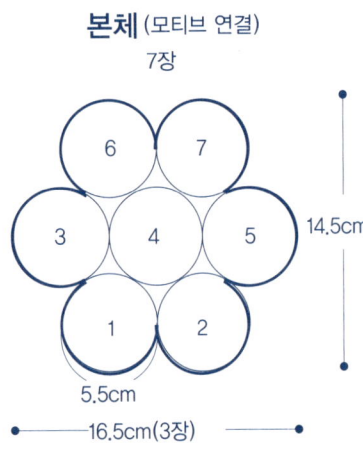

본체 (모티브 연결)
7장

14.5cm
5.5cm
16.5cm(3장)

※ 숫자는 모티브를 연결하는 순서

모티브 배색표

단수	색
2단	그레이
1·3단	아이보리

* **재료**
하마나카 플랙스C 베이지(1) 5g 회색(4) 4g

* **바늘**
코바늘 4/0호

* **완성치수**
16.5cm×14.5cm

* **게이지**
모티브 직경 5.5cm

* **뜨는 법 포인트**
· 모티브는 실 끝으로 고리를 만들어 배색하면서 2단까지 7장 뜬다.
· 3단은 모티브를 연결하면서 뜬다. 1, 2장을 1열로 해서 가로로 연결하고, 3~5장을 2열로 해서 1열과 연결하면서 뜬다. 6, 7장(3열)은 2열과 연결하면서 뜬다.

모티브 연결
본체

▷ = 실 잇기
► = 실 끊기

 = 빼뜨기는 모두 짧은뜨기 머리의 앞쪽 실 1가닥과 다리의 실 1가닥을 주워서 뜬다.

75

motif 9

page 17

꽃이 가득한 스마트폰 케이스

본체 (모티브 연결)

모티브 a·b·c·d…각 6장
모티브 e·f·g·h·i·j·k·l…각 4장

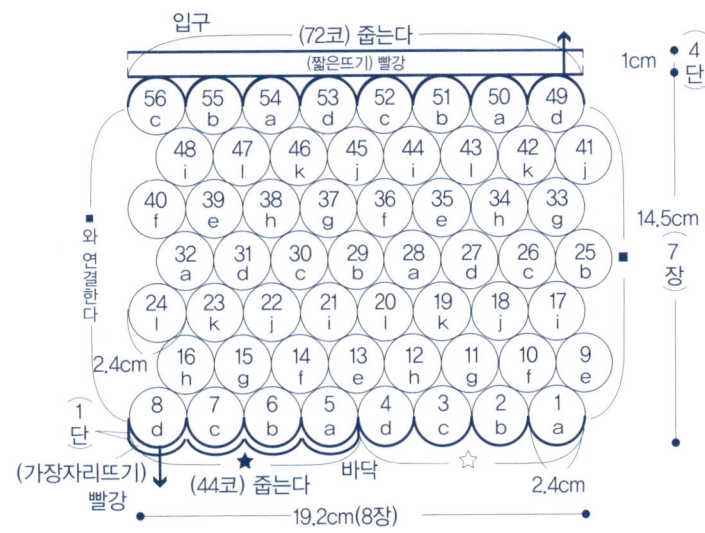

※ 가장자리뜨기는 ★과 ☆을 안끼리 2장 겹쳐서 뜬다.
※ 숫자는 모티브를 연결하는 순서

* **재료**

올림포스 에미그란데 〈허브즈〉 빨강(190) 6g 핑크(119), 진오렌지(171), 연두(273), 아이보리(732) 각 2g 하늘색(341), 진갈색(777) 각1g
에미그란데 〈컬러즈〉 오렌지(555) 3g 자두(127), 진핑크(155), 초록(244), 연청록(391) 각 2g 직경 1cm 단추 1개

* **바늘**

레이스 코바늘 0호

* **완성치수**

폭 9.5cm, 길이 15.5cm

* **게이지**

모티브 직경 2.4cm

모티브를 뜨면서 연결하는 법(2번째 단)

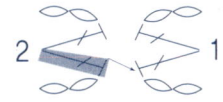

① 1길긴뜨기 1코( )를 뜨면 바늘을 뺀다.
② 먼저 뜬 모티브의 지정된 코 머리에 바늘을 넣어 뺐던 코를 빼낸다.
③ 다음 1길긴뜨기를 한다(P.38 참고).

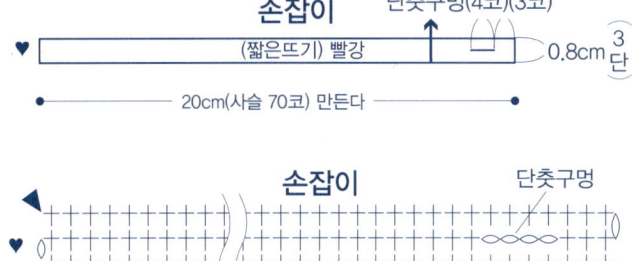

모티브 배색표

단수	모티브a	모티브b	모티브c	모티브d	모티브e	모티브f	모티브g	모티브h	모티브i	모티브j	모티브k	모티브l
2단	오렌지	연두	핑크	진핑크	아이보리	진갈색	빨강	하늘색	자두	진오렌지	초록	연청록
1단	진핑크	연청록	빨강	연두	빨강	진오렌지	자두	오렌지	초록	아이보리	핑크	오렌지
	6장	6장	6장	6장	4장	4장	4장	4장	4장	4장	4장	4장

* 뜨는 법 포인트

· 모티브는 사슬 6코로 고리를 만들어 도안을 참고하여 배색하면서 2단을 뜬다. 2장부터는 2단에서 접하는 모티브와 연결하면서 원형으로 56장 뜬다.

· 본체 입구 부분에 짧은뜨기를 4단 뜬다. 바닥 부분의 ★과 ☆을 겹쳐서 가장자리뜨기를 1단 뜬다.

· 손잡이는 사슬 70코를 시작코로 만들어 짧은뜨기로 3단 뜬다. 2단에는 단춧구멍을 만들면서 뜬다.

· 손잡이를 입구 안쪽에 꿰맨다. 단추를 바깥쪽에 단다.

page 17

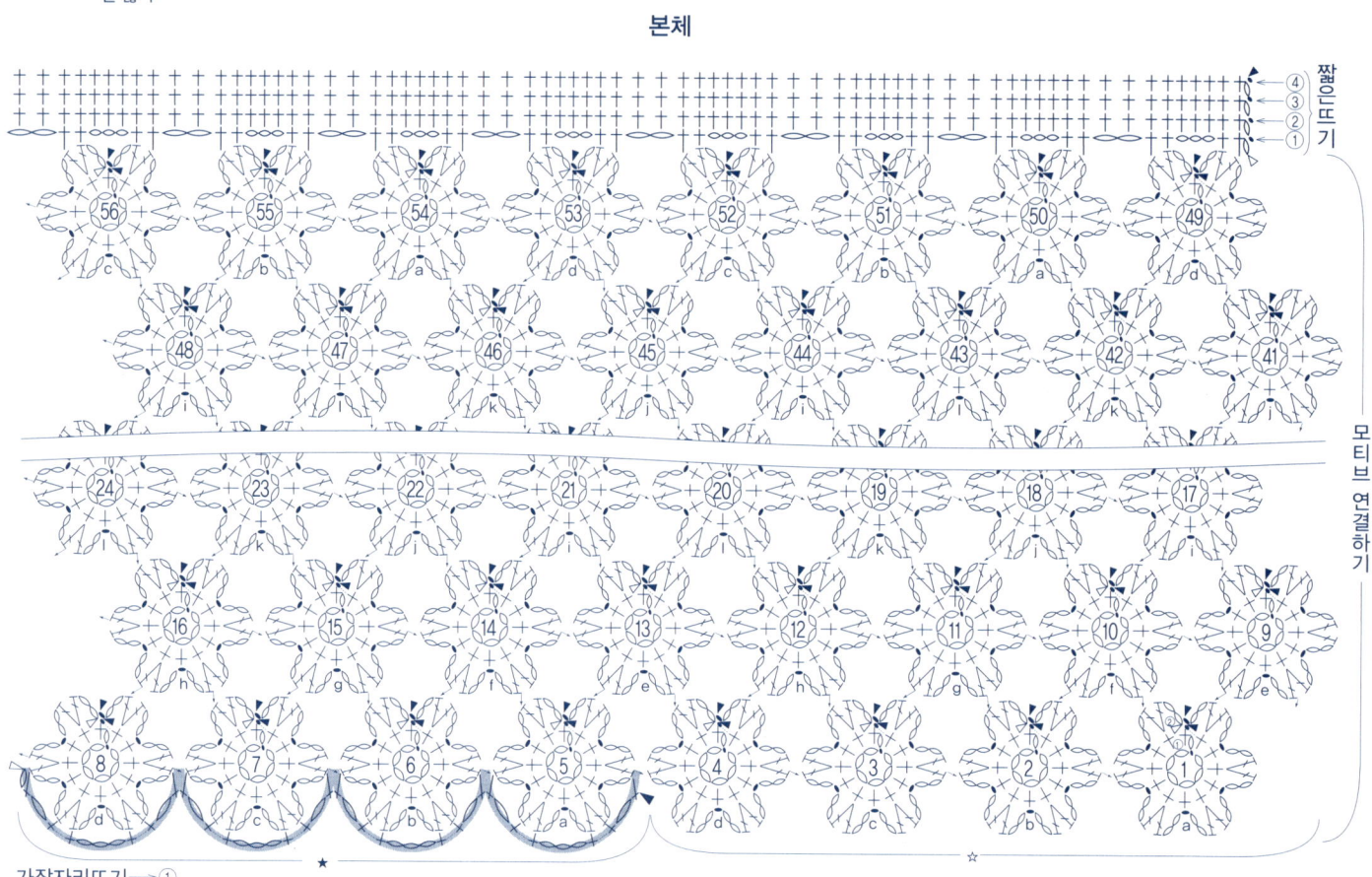

|| page 20 ||

커다란 꽃 모티브의 숄

motif *14*

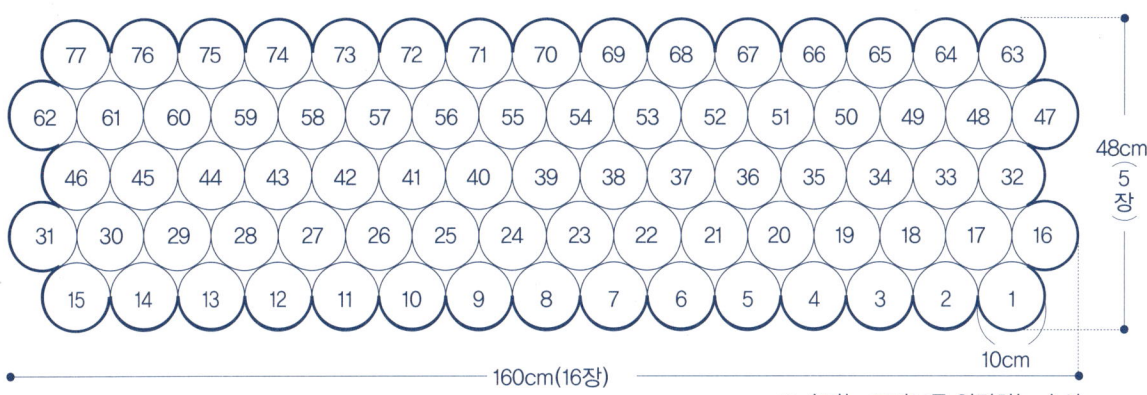

* **재료**
리치모어 퍼센트 겨자색(7) 345g

* **바늘**
코바늘 6/0호

* **완성치수**
폭 48cm, 길이 160cm

* **게이지**
모티브 직경 10cm

* **뜨는 법 포인트**
· 모티브는 사슬 7코로 고리를 만들어 도안을 참고하여 3단 뜬다. 2장부터는 먼저 뜬 모티브와 3단에서 연결하면서 뜬다. 모두 77장 뜬다.

모티브 연결하기

본체

► = 실 끊기

motif 15

|| page 21 ||

그러데이션 모헤어의 숄 볼레로

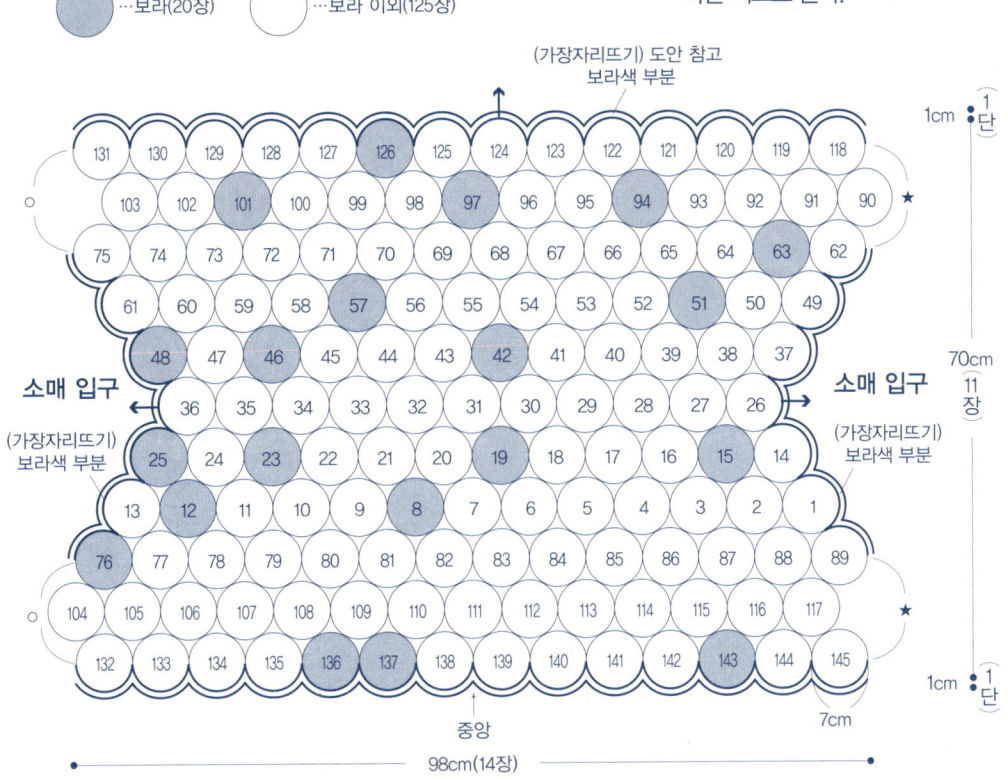

※ 숫자는 모티브를 연결하는 순서
※ 같은 표시끼리 뜨면서 연결한다.

* **재료**
파피 모헤어 멀티 블루계열 그러데이션(604) 240g
* **바늘**
코바늘 6/0호
* **완성치수**
도안 참고
* **게이지**
모티브 직경 7cm

모티브

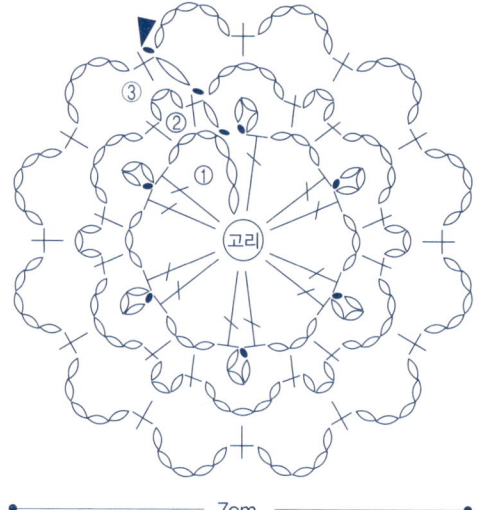

▷ = 실 잇기
▶ = 실 끊기

7cm

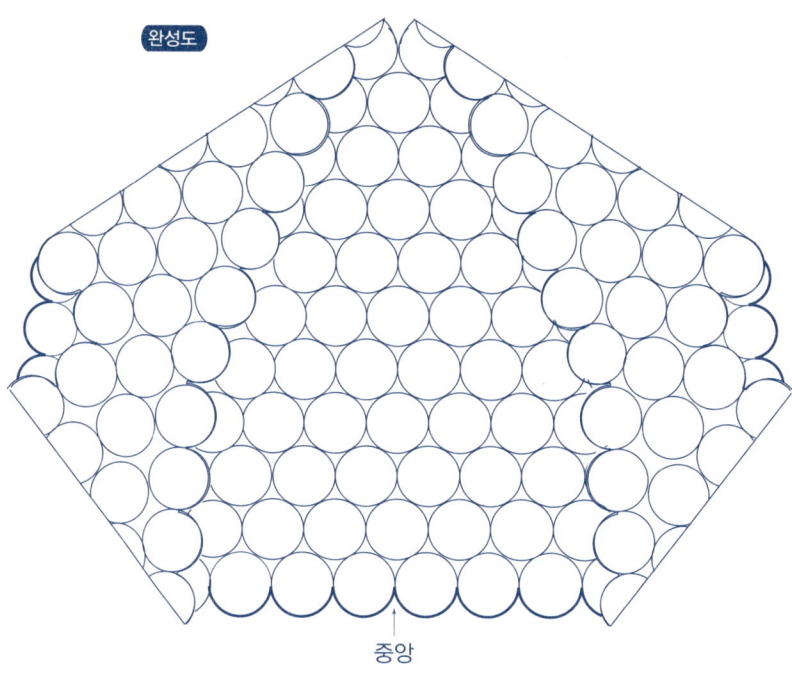

완성도

중앙

* **뜨는 법 포인트**
· 그러데이션 실의 보라색 부분은 따로 둔다. 모티브는 실 끝으로 고리를 만들어 도안을 참고하여 3단 뜬다. 2장부터는 3단에서 먼저 뜬 모티브와 연결하면서 뜨고 모두 145장을 뜬다.
· 가장자리뜨기는 소매 입구와 바깥 둘레에 각각 1단 뜬다.

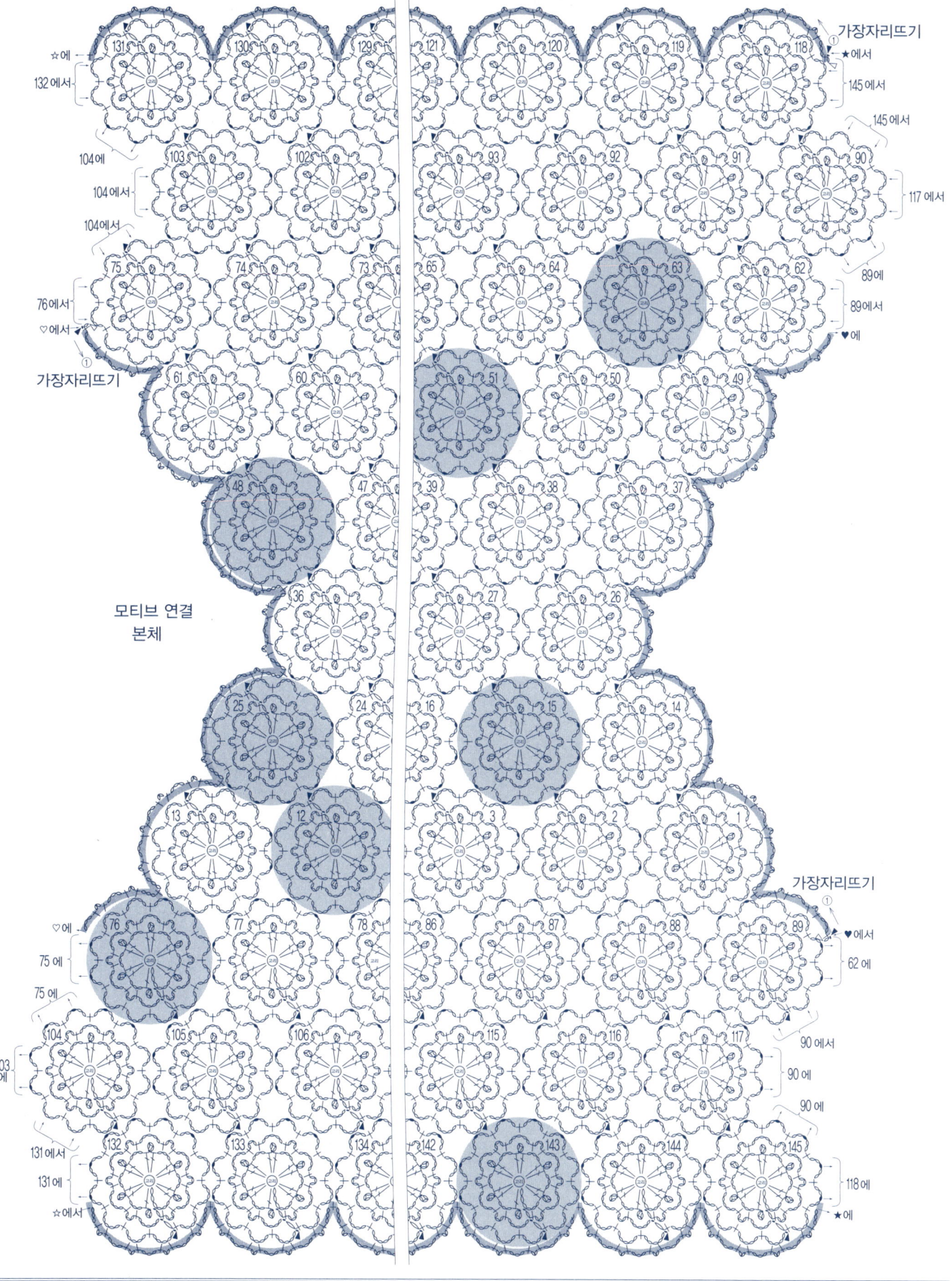

motif 16

|| page 22 ||

모티브 커버의 백

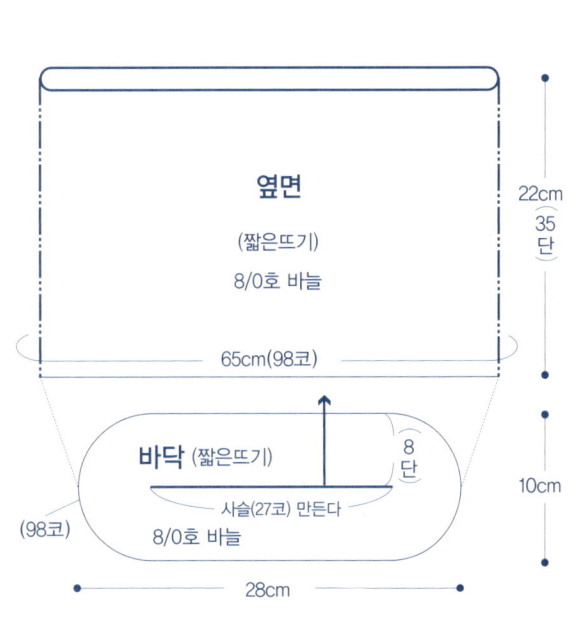

* **재료**

하마나카 바스크 그레이(3) 250g 하마나카 순모 중세 겨자색(33) 35g 진갈색(5) 20g 폭 2cm, 길이 45cm의 가죽손잡이 1쌍

* **바늘**

코바늘 8/0호, 4/0호

* **완성치수**

폭 32.5cm, 깊이 22cm(손잡이 제외)

* **게이지**

10cm 평방으로 짧은뜨기 15코×16단
모티브의 크기 6.5cm×6.5cm

* **뜨는 법 포인트**

· 바닥은 시작코로 사슬 27코를 만들어 도안을 참고하여 짧은뜨기를 8단 뜬다. 계속해서 옆면을 증감 없이 35단 뜬다. 바닥의 마지막 단에 빼뜨기를 1단 뜬다.
· 커버는 모티브를 연결하면서 뜬다. 모티브는 실 끝으로 고리를 만들어 도안을 참고하여 배색하면서 4단까지 30장 뜬다. 5단을 뜨면서 모티브를 원형으로 연결한다.
· 완성도를 참고하여 옆면에 커버를 꿰맨다. 손잡이는 옆면 바깥쪽에 단다.

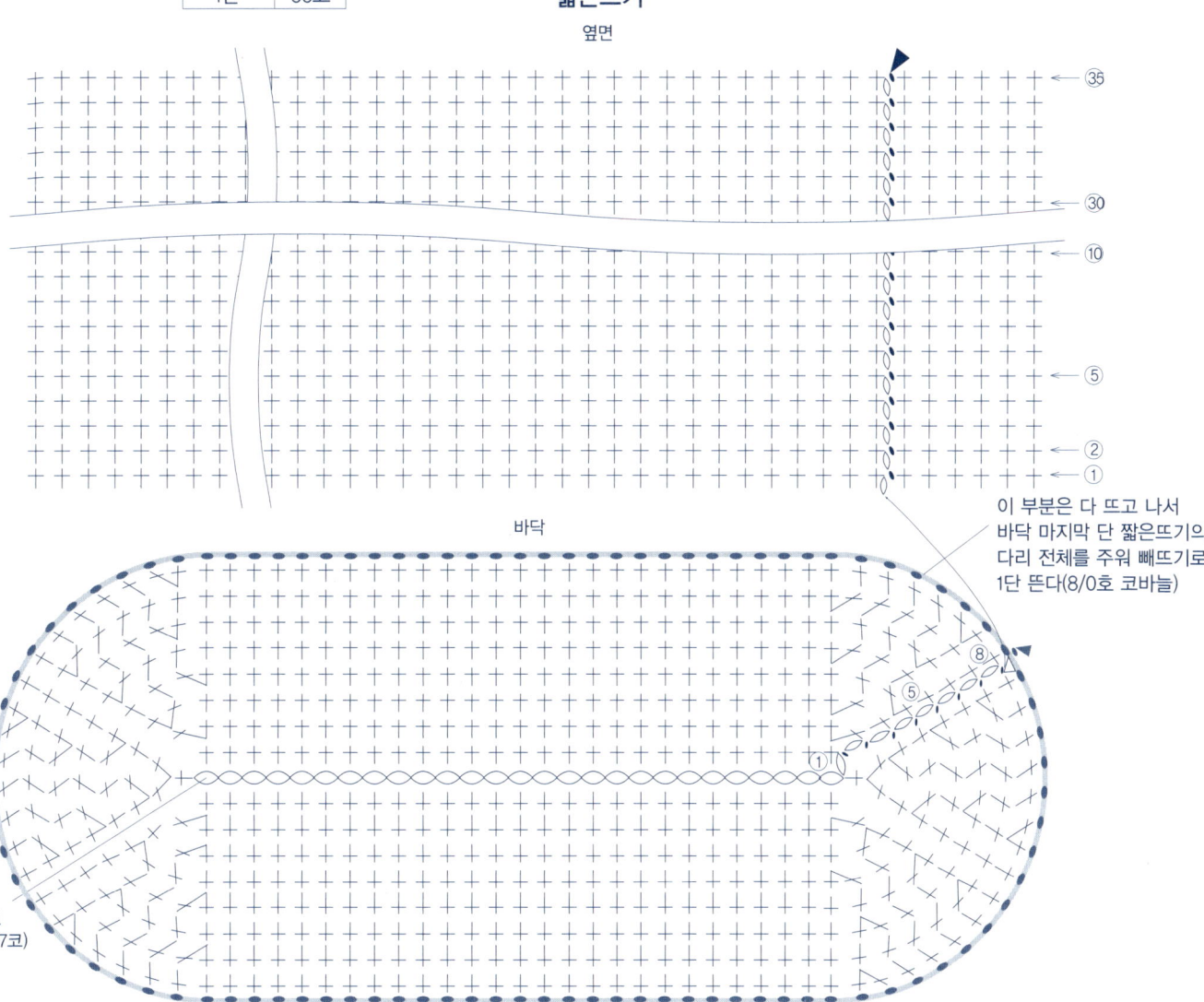

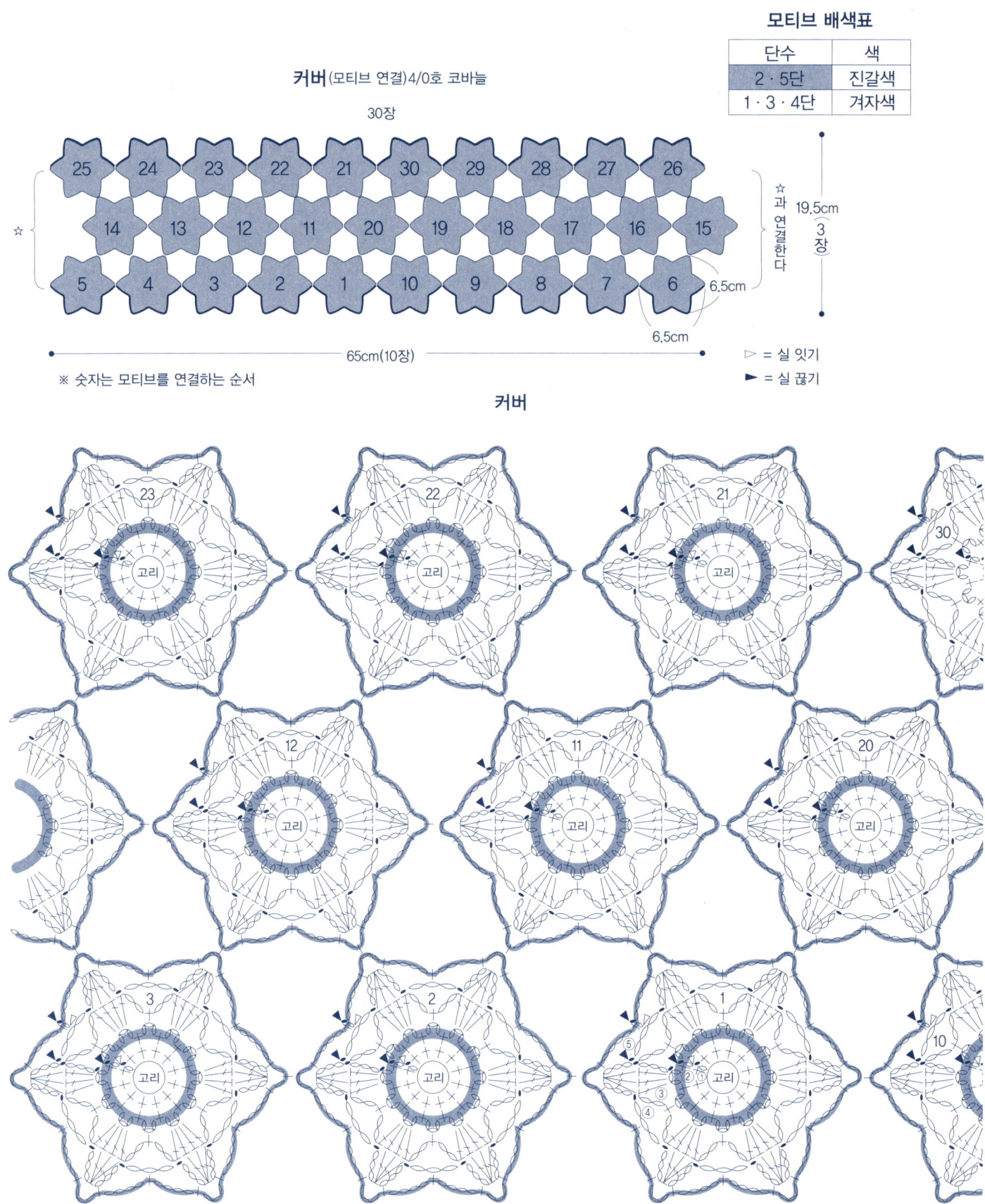

|| page 23 ||

motif 17

큰 모티브의 풀오버

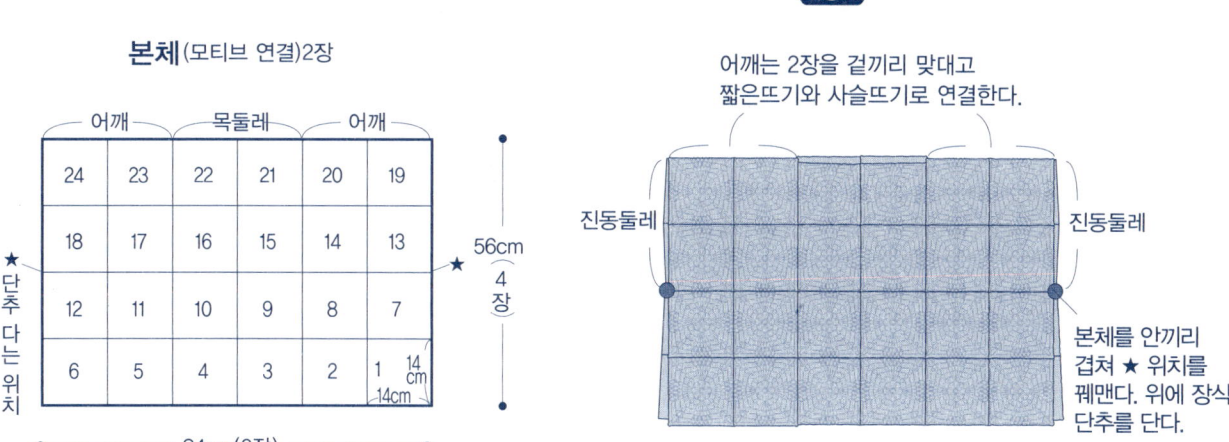

* **재료**
  하마나카 알파카 모헤어피누 연노랑(21) 230g 직경 2.5cm 장식단추 2개
* **바늘** 코바늘 5/0호
* **완성치수** 몸판 길이 56cm, 소매 길이 42cm
* **게이지** 모티브의 크기 14cm×14cm
* **뜨는 법 포인트**
  · 모티브는 실 끝으로 고리를 만들어 짧은뜨기를 16코 뜨고 도안을 참고하여 7단 뜬다. 2장부터는 7단에서 먼저 뜬 모티브와 짧은뜨기로 뜨면서 연결하고 모두 24장 뜬다. 같은 것을 2장 뜬다.
  · 어깨는 2장을 겉끼리 맞대고 도안을 참고하여 짧은뜨기와 사슬을 뜨면서 연결한다.
  · 본체를 2장 겹쳐서 ★ 위치를 꿰매고 그 위에 장식단추를 단다.

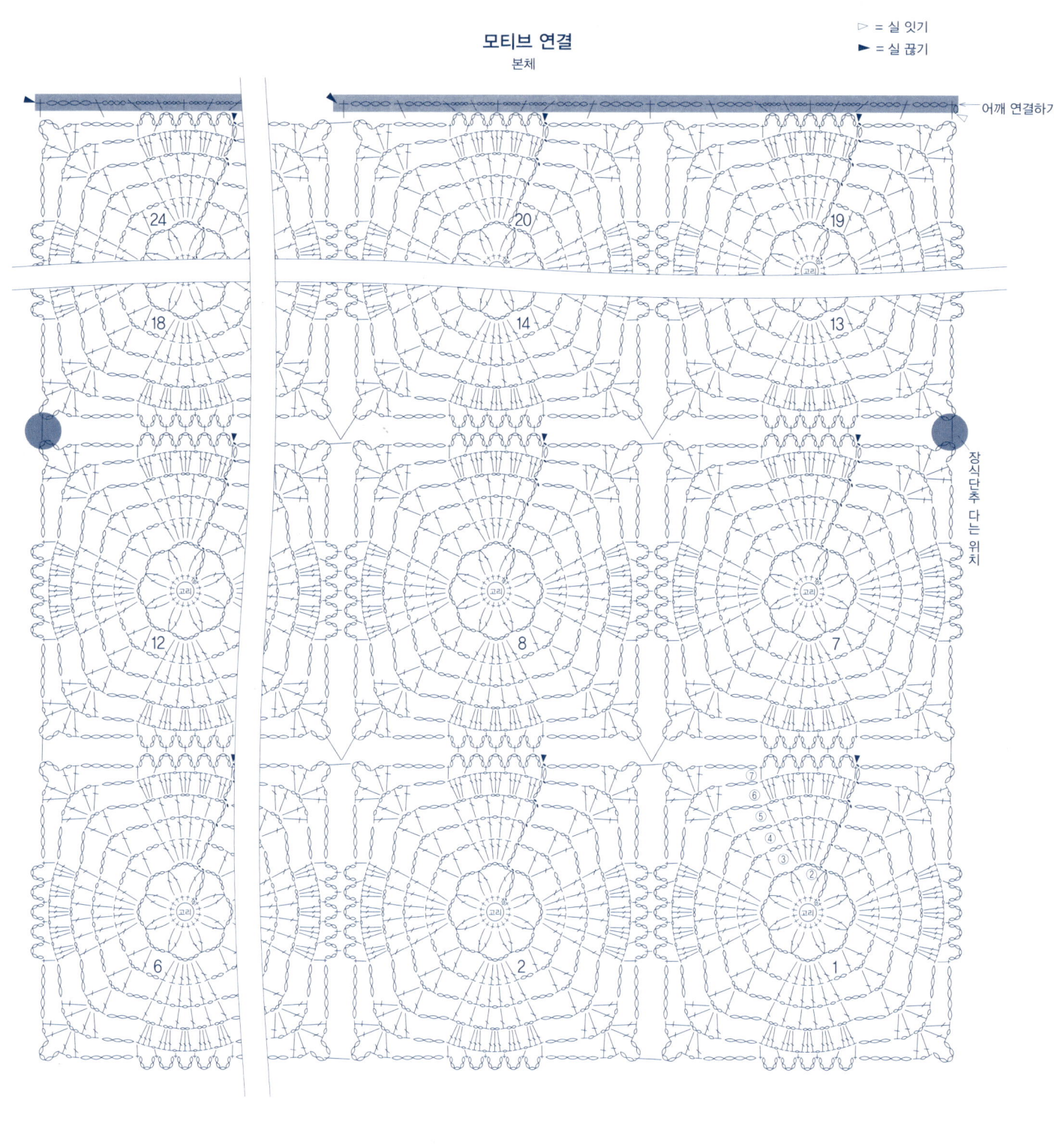

|| page 18, 19 ||

motif *11, 6, 12, 13*

라리에트(길이가 긴 목걸이)

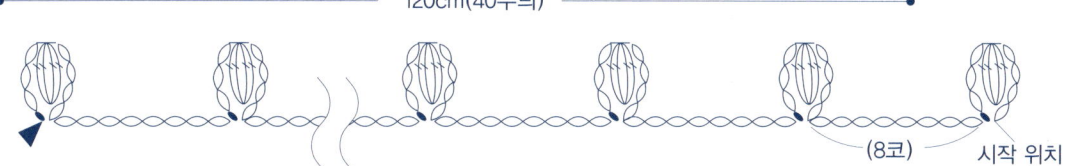

A

A * 재료
하마나카 알파카 모헤어피누 아이보리(1) 4g
* 바늘
코바늘 5/0호
* 완성치수
폭 1.5cm, 길이 120cm

B * 재료
올림포스 에미그란데 〈허브즈〉 오프화이트(800) 6g
* 바늘
레이스용 코바늘 0호
* 완성치수
폭 4.5cm, 길이 126cm

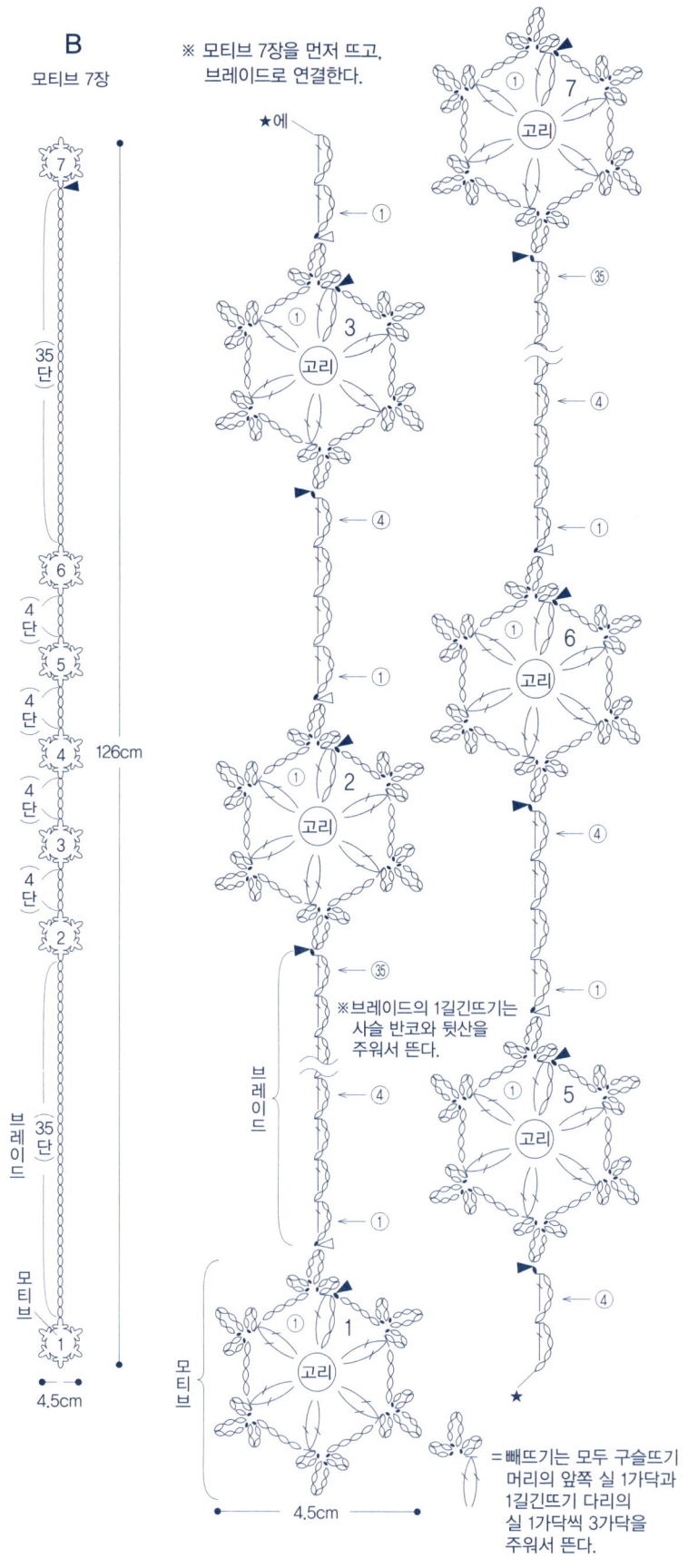

C

※ 1의 모티브부터 뜬다.
2의 모티브부터는 끝에서
먼저 뜬 모티브에 연결한다.

▷ = 실 잇기
► = 실 끊기

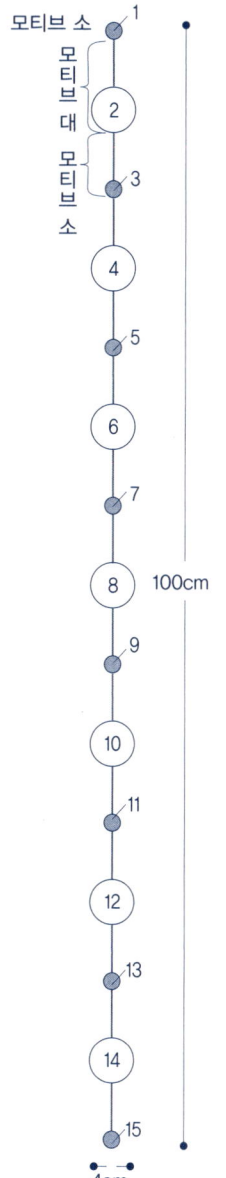

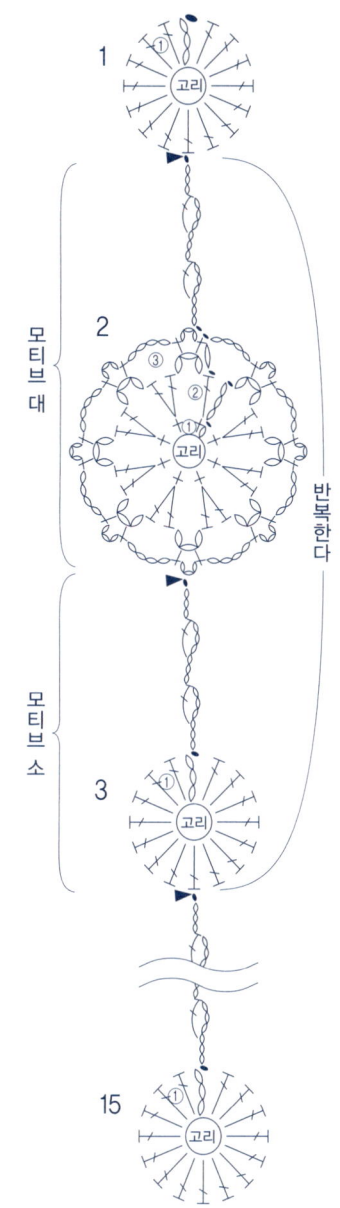

C * 재료
올림포스 에미그란데 〈허브즈〉 아이보리(732) 8g

* 바늘
레이스용 코바늘 0호

* 완성치수
폭 4cm, 길이 120cm

* 뜨는 법 포인트
각 도안을 참고하여 뜬다.

motif 18

‖ page 24 ‖

*
꽃밭의 무릎담요

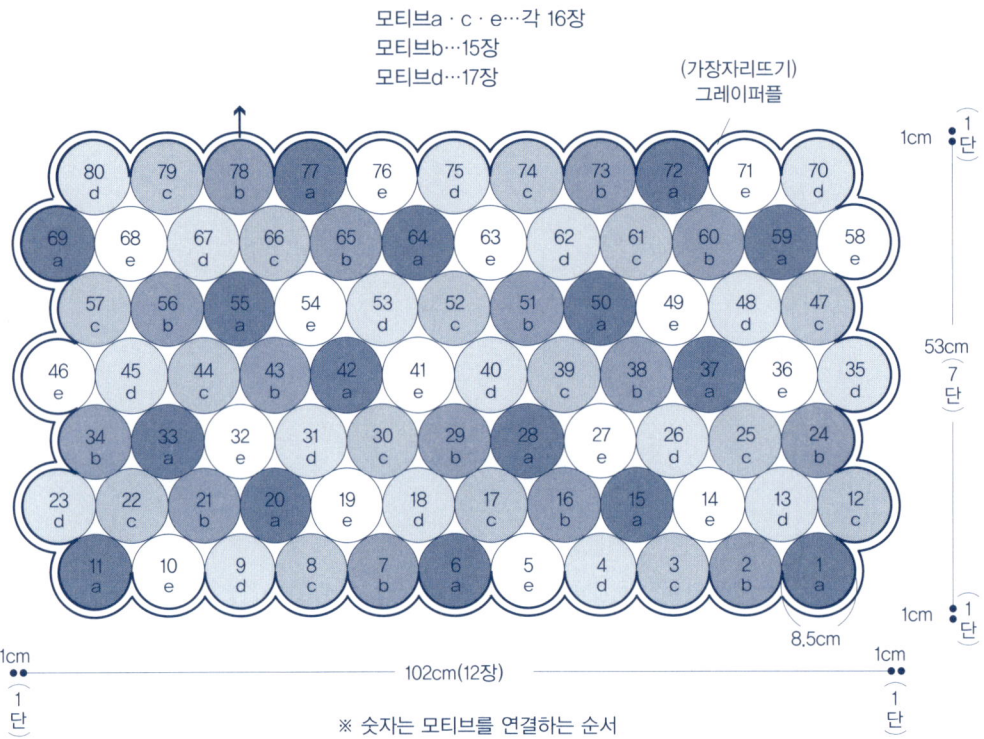

모티브 (모티브 연결)

모티브 a · c · e ··· 각 16장
모티브 b ··· 15장
모티브 d ··· 17장

(가장자리뜨기) 그레이퍼플

※ 숫자는 모티브를 연결하는 순서

* **재료**

하마나카 페어 레이디50 핑크(82) 72g 연핑크(53), 그레이퍼플(87) 각 44g 연노랑(95) 39g 갈색(105) 37g 아이보리(2) 26g 베이지(52) 23g

* **바늘**

코바늘 7/0호

* **완성치수**

폭 55cm, 길이 104cm

* **게이지**

모티브 직경 8.5cm

* **뜨는 법 포인트**

· 모티브는 실 끝으로 고리를 만들어 뜨기 시작하고 배색을 하면서 4단을 뜬다. 2장부터는 4단에서 먼저 뜬 모티브와 짧은뜨기로 뜨면서 연결하고 모두 80장을 뜬다.
· 주위를 돌면서 가장자리뜨기를 1단 뜬다.

모티브 배색표

단수	모티브a	모티브b	모티브c	모티브d	모티브e
4단	연핑크	베이지	그레이퍼플	핑크	갈색
3단	그레이퍼플	아이보리	연핑크	연노랑	핑크
2단	아이보리	연노랑	핑크	핑크	연노랑
1단	핑크	핑크	연노랑	갈색	갈색
	16장	15장	16장	17장	16장

모티브

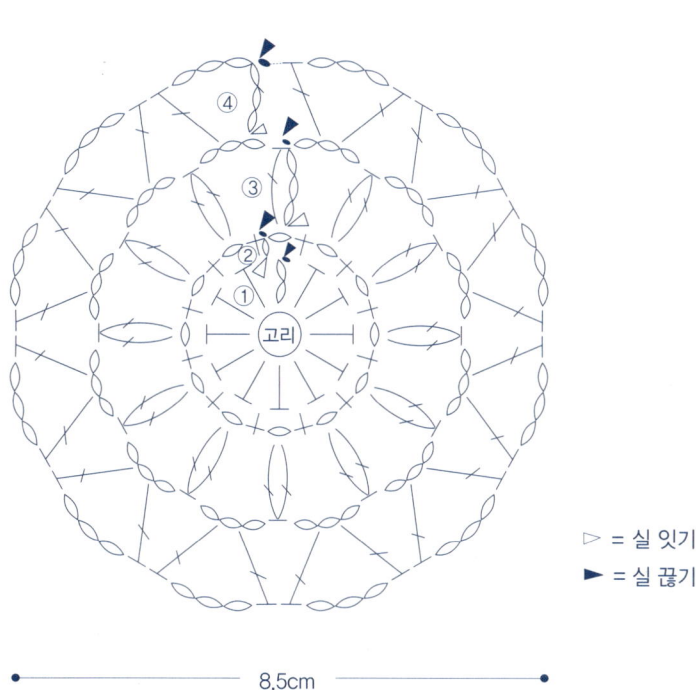

8.5cm

▷ = 실 잇기
▶ = 실 끊기

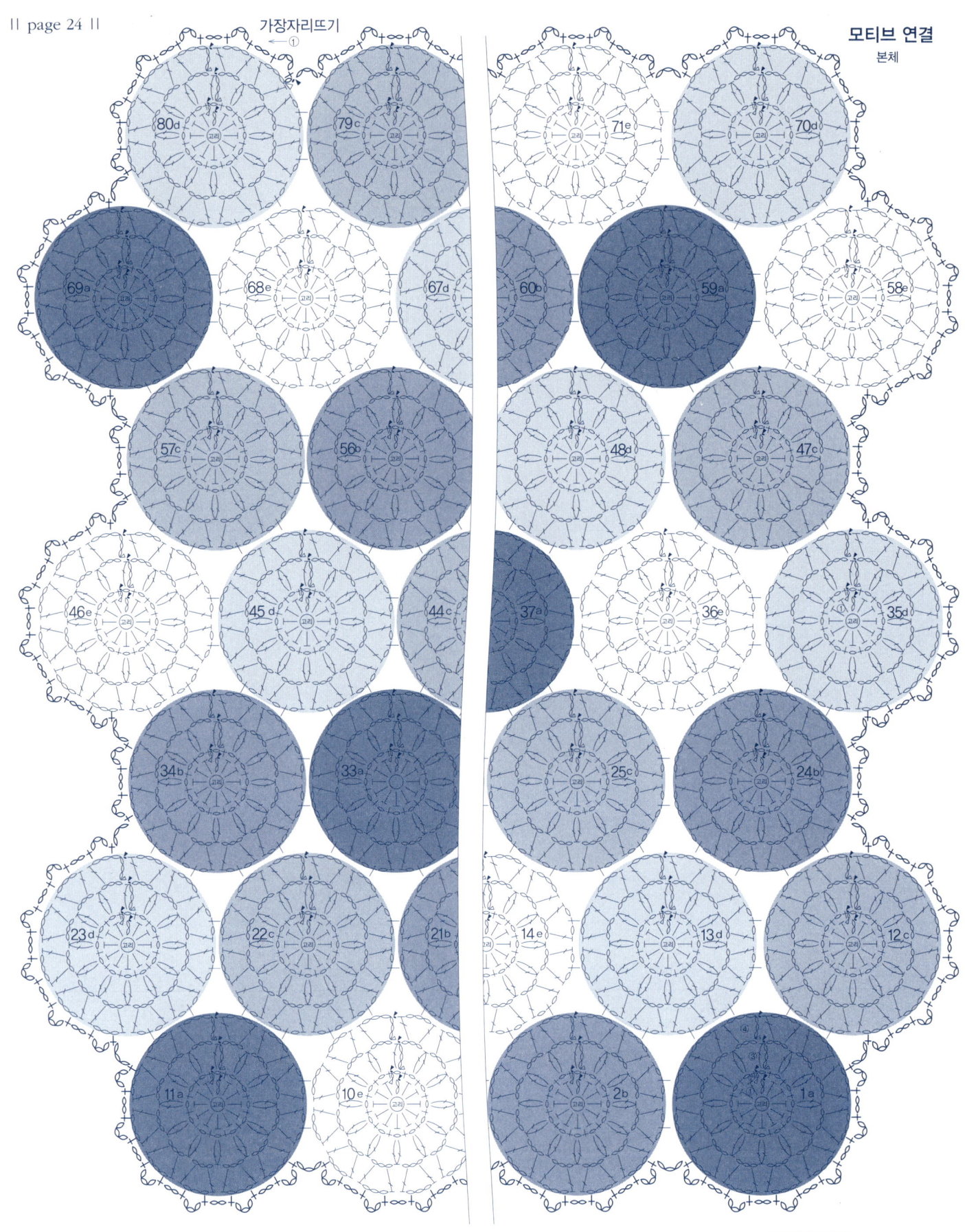

육각 모티브의 티포트 커버&매트

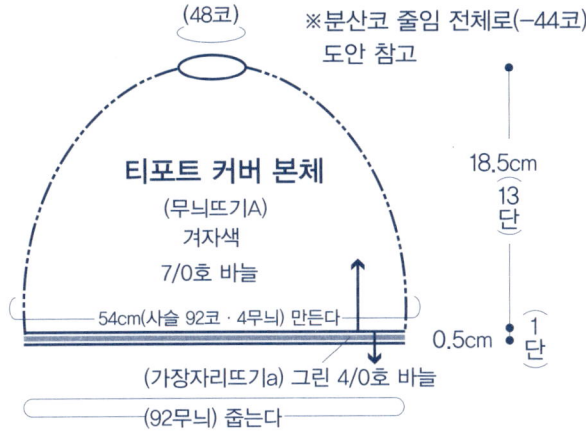
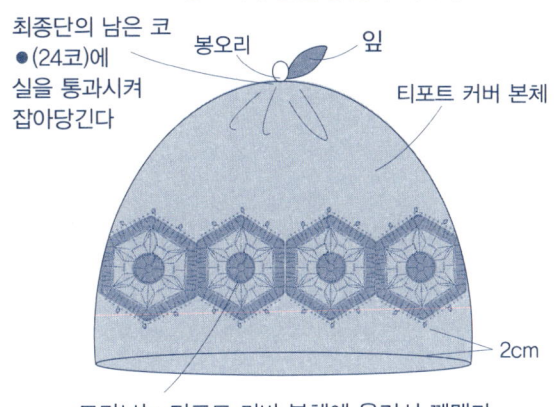

티포트 커버

＊ 재료

파피 브리티시 에로이카 겨자색(191) 80g 뉴4PLY 아이보리(402), 그린(451) 각15g

＊ 바늘

코바늘 7/0호, 4/0호

＊ 완성치수

폭 27cm, 높이 19cm(장식 제외)

＊ 게이지

10cm 평방으로 무늬뜨기A 17코×7단

＊ 뜨는 법 포인트

- 티포트 커버 본체는 시작코로 사슬 92코를 만들어, 도안을 참고하여 분산코 줄임을 하면서 13단 뜬다. 마지막 단의 ● 위치(24코)의 코에 실을 통과시켜 잡아당긴다.
- 티포트 커버 모티브를 8장 뜬다. 모티브는 실 끝으로 고리를 만들어 도안을 참고하여 배색하면서 4단 뜬다. 모티브 8장을 빼뜨기로 연결해 원형으로 하고 위아래 각각에 가장자리뜨기를 1단씩 뜬다.
- 봉오리는 시작코로 사슬 1코를 만들어 1단 뜬다.
- 잎은 시작코로 사슬 7코를 만들어 도안을 참고하여 뜬다.
- 완성도를 참고하여 티포트 커버 본체 위에 모티브를 올려서 꿰맨다. 티포트 커버 본체 꼭대기에 봉오리와 잎을 꿰맨다.

티포트 커버 모티브

(모티브 연결) 8장   4/0호 바늘

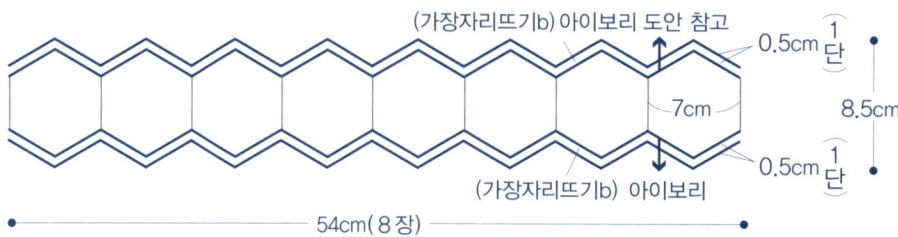

매트

매트

✱ 재료

파피 브리티시 에로이카 겨자색(191) 20g   뉴4PLY 그린(451) 5g

✱ 바늘

코바늘 7/0호, 4/0호

✱ 완성치수

직경 19cm

✱ 뜨는 법 포인트

매트는 실 끝으로 고리를 만들어 도안을 참고하여 6단 뜬다. 계속해서 그린으로 가장자리뜨기를 1단 뜬다.

무늬뜨기B
매트

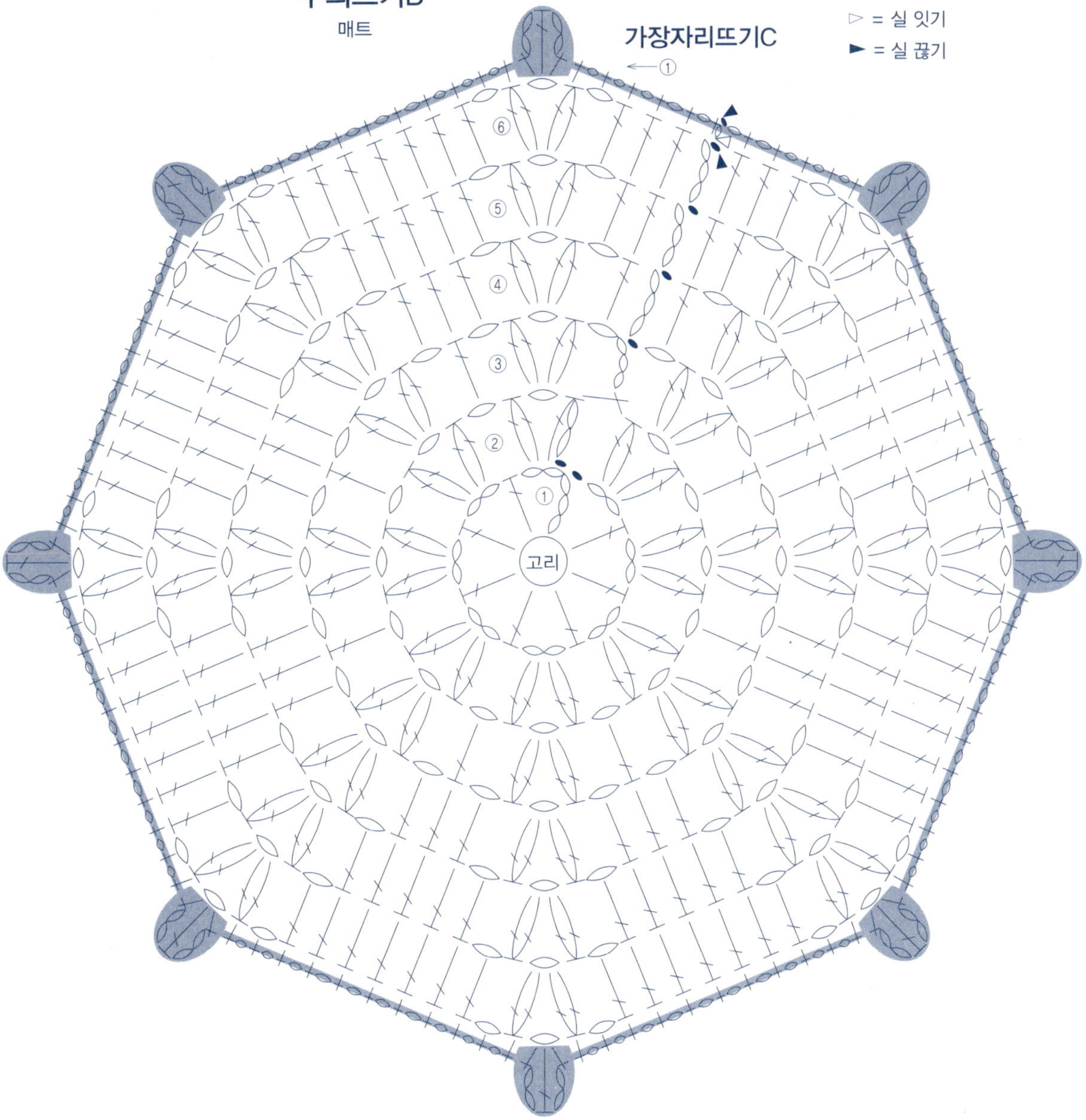
가장자리뜨기C
▷ = 실 잇기
► = 실 끊기
①
⑥
⑤
④
③
②
①
고리

봉오리
아이보리 1개
4/0호 바늘

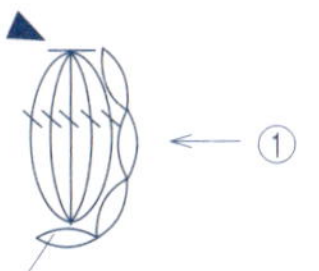
①
시작코(1코)
만든다

잎
그린 1장
4/0호 바늘

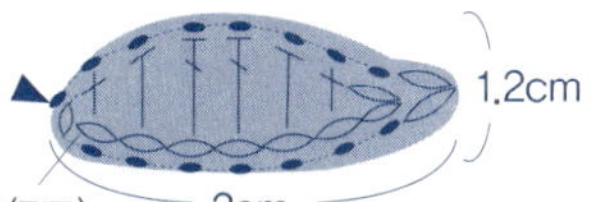
1.2cm
2cm
시작코(7코)
만든다

무늬뜨기A
티포트 커버 본체

● …이 코(24코)에 실을 통과시켜 잡아당긴다.

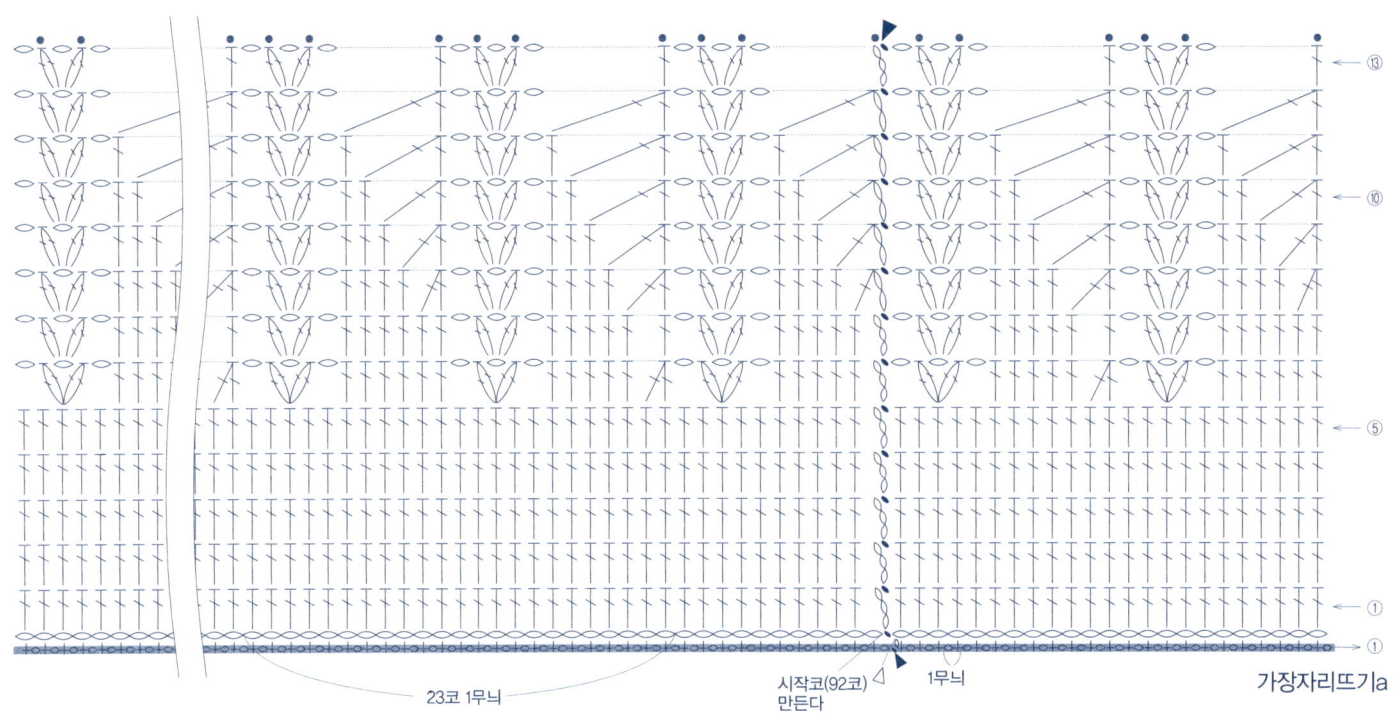

23코 1무늬 시작코(92코) 만든다 1무늬 가장자리뜨기a

모티브 배색표

단수	색
2·3단	아이보리
1·4단	그린

모티브 연결
티포트 커버 모티브

▷ = 실 잇기
▶ = 실 끊기

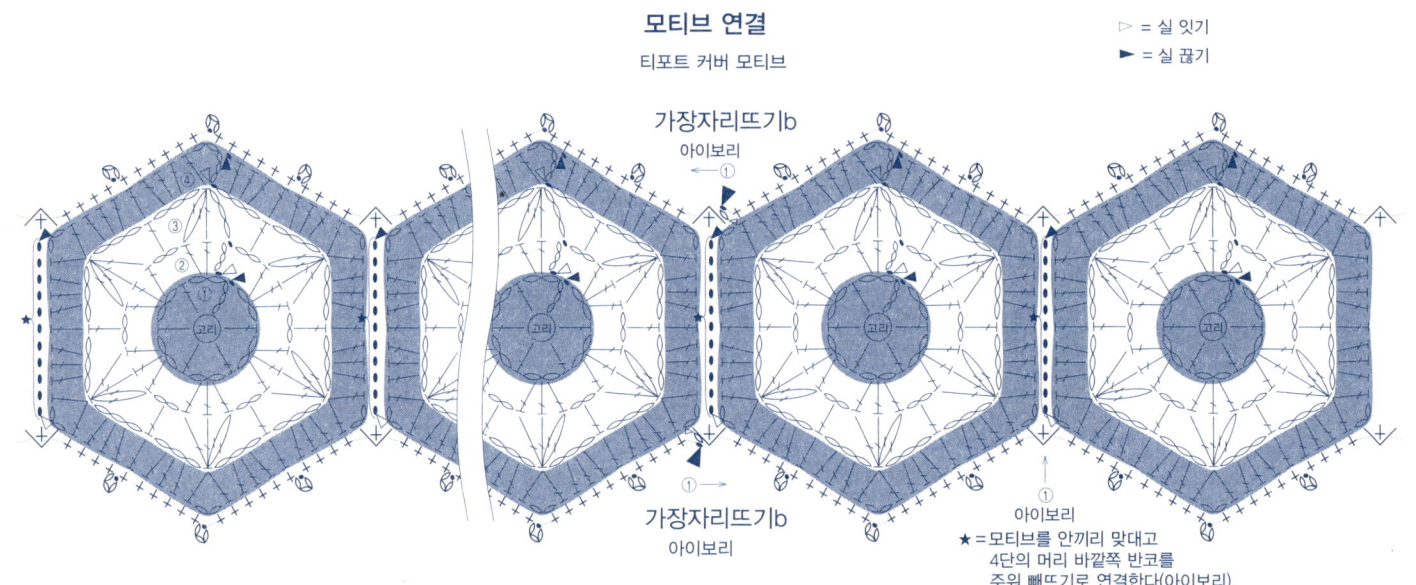

가장자리뜨기b 아이보리
가장자리뜨기b 아이보리
아이보리

★ = 모티브를 안끼리 맞대고 4단의 머리 바깥쪽 반코를 주워 빼뜨기로 연결한다(아이보리).

‖ page 28 ‖

핀쿠션

motif 4, 6, 21

모티브 배색표

단수	색
3·4단	아이보리
2단	블루
1단	그레이

A 모티브
1장

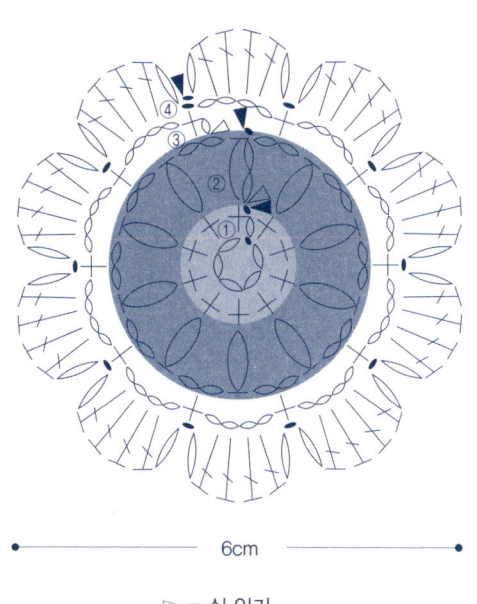

6cm

▷ = 실 잇기
▶ = 실 끊기

B 모티브
아이보리 1장

5.5cm

※ 중심 고리는 느슨하게 조인다.

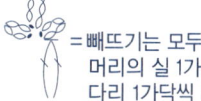 = 빼뜨기는 모두 구슬뜨기
머리의 실 1가닥과 1길긴뜨기
다리 1가닥씩 3가닥을 주워서 뜬다.

A

* **재료**

하마나카 에크시드 울FL 〈합태〉 그레이블루(244) 5g 아이보리(201), 블루(223), 그레이(237) 각 1g

* **바늘**

코바늘 5/0호

* **완성치수**

직경 6.5cm

* **뜨는 법 포인트**

· 모티브는 사슬 5코로 고리를 만들어 배색하면서 4단을 뜬다.
· 원형토대는 도안을 참고하여 짧은뜨기로 19단 뜬다. 남은 실은 안에 넣고 마지막 단에 실을 통과시켜 조인다.
· 원형토대 위에 모티브를 올려서 꿰맨다.

원형토대 콧수표

단수	콧수	
19단	12코	(-6코)
18단	18코	(-6코)
17단	24코	(-6코)
16단	30코	(-6코)
15단	36코	(-6코)
14단	42코	(-6코)
9~13단	48코	
8단	48코	(+6코)
7단	42코	(+6코)
6단	36코	(+6코)
5단	30코	(+6코)
4단	24코	(+6코)
3단	18코	(+6코)
2단	12코	(+6코)
1단	6코	

원형토대
A…그레이블루 1장
B…네이비 1장

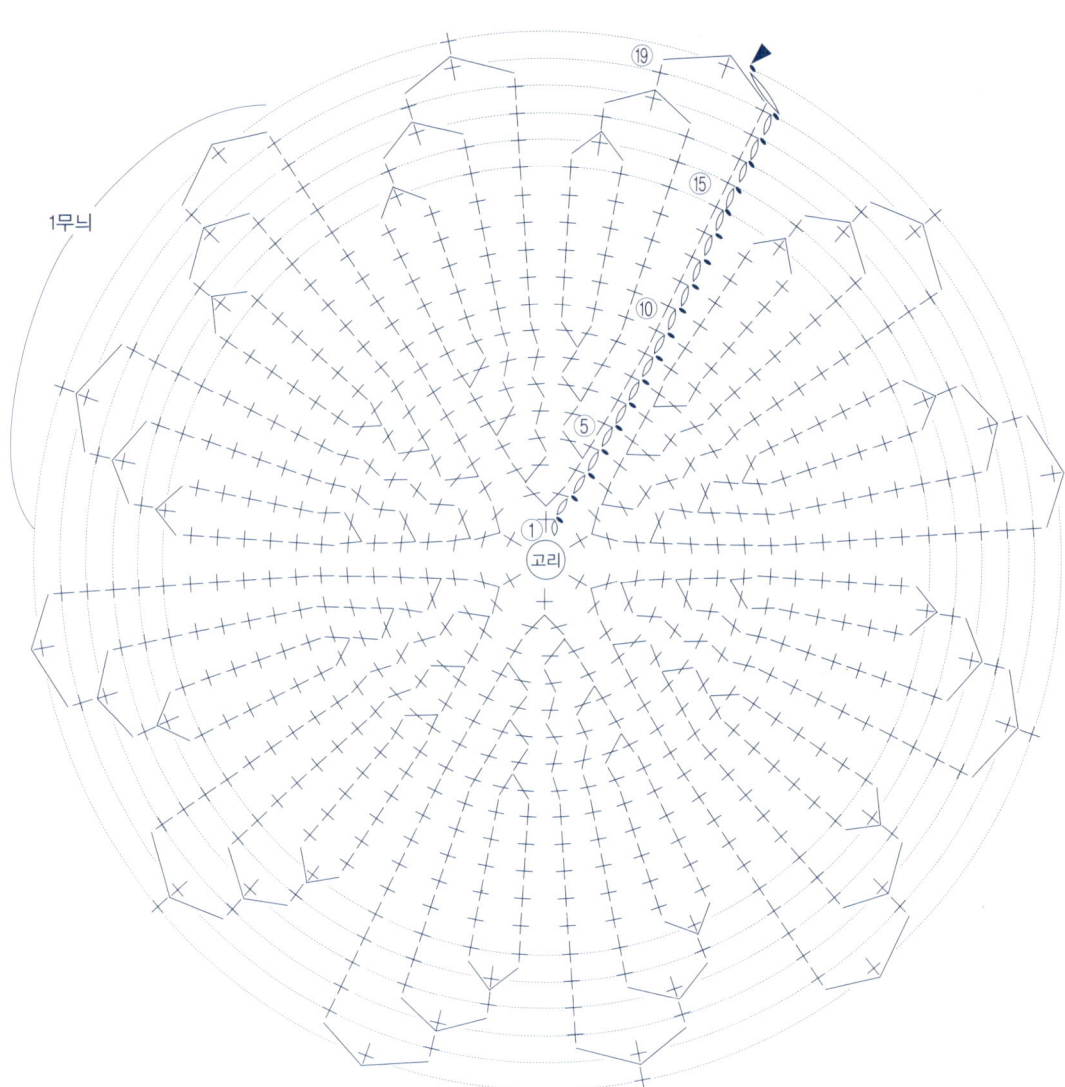

B * 재료

하마나카 에크시드 울FL 〈합태〉 네이비(226) 5g 알파카 모헤어피누 아이보리(1) 1g 직경 4mm 진주비즈 6개

* 바늘

레이스용 코바늘 5/0호

* 완성치수

직경 6.5cm

* 뜨는 법 포인트

· 모티브는 실 끝으로 고리를 만들어 도안을 참고하여 1단 뜬다.
· 원형토대는 도안을 참고하여 짧은뜨기로 19단 뜬다. 남은 실을 안에 넣고 마지막 단에 실을 통과시켜 조인다.
· 원형토대 위에 모티브와 진주비즈를 올려서 꿰맨다.

마무리하기

② 마지막 단에 실을 통과시켜 조인다.　위쪽　① 남은 실을 넣는다.

← 6.5cm →

모티브 배색표

단수	색
5단	그레이
3단	아이보리
2·4단	블루
1단	네이비

C 모티브
1장

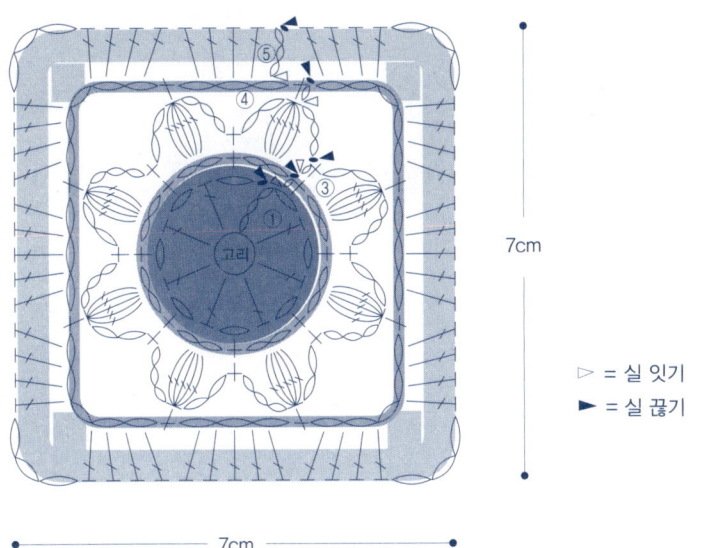

네모토대
네이비 2장

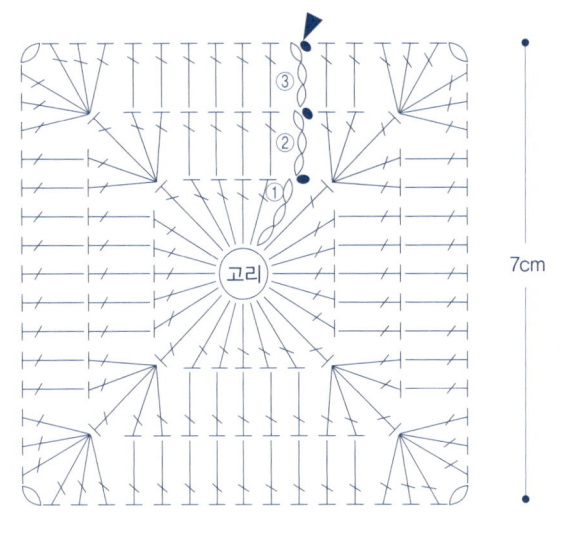

▷ = 실 잇기
▶ = 실 끊기

7cm × 7cm

※ 1~3단까지는 안쪽을 겉면으로 사용한다.

 = 1길긴뜨기 5코 구슬뜨기

C ＊ 재료
하마나카 에크시드 울FL 〈합태〉 네이비(226) 10g 아이보리(201), 그레이(237) 각2g 블루(223) 1g

＊ 바늘
레이스용 코바늘 5/0호

＊ 완성치수
7cm×7cm

＊ 뜨는 법 포인트
· 모티브는 실 끝으로 고리를 만들어 도안을 참고하여 배색하면서 5단을 뜬다.
· 네모토대는 도안을 참고하여 3단을 뜬다. 같은 것을 2장 뜬다.
· 네모토대 2장은 안끼리 맞대고 모티브를 겹쳐 각각 코 바깥쪽 반코를 감침질한다. 중간에 토대 2장 사이에 남은 실을 넣는다.

완성도

A

위에서 본 도안

※ 원형토대 위쪽에 모티브를 올리고 주변을 꿰맨다.

B

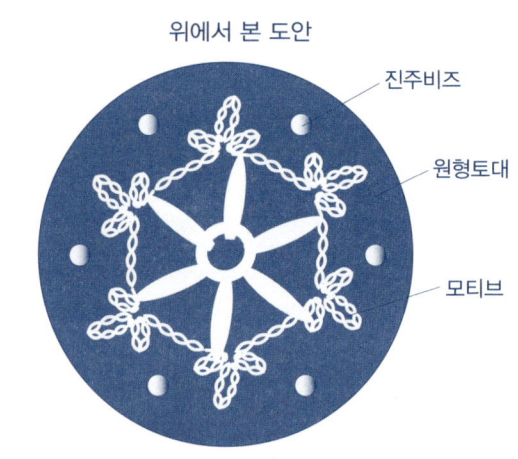

위에서 본 도안

- 진주비즈
- 원형토대
- 모티브

※ 원형토대B 위쪽에 모티브와 진주비즈를 올려서 꿰맨다.

C

마무리하기
- 모티브C(안)
- 네모토대(안)
- 네모토대(겉)

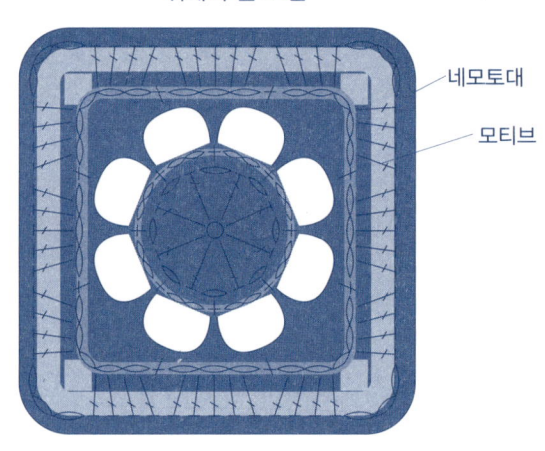

위에서 본 도안
- 네모토대
- 모티브

※ 네모토대 2장과 모티브C를 그림과 같이 겹쳐서 각각 바깥쪽 반코를 주워 블루로 감침질한다. 중간에 토대와 토대 사이에 남은 실을 넣는다.

‖ page 29 ‖

작은 꽃무늬의 코바늘 케이스

motif 9

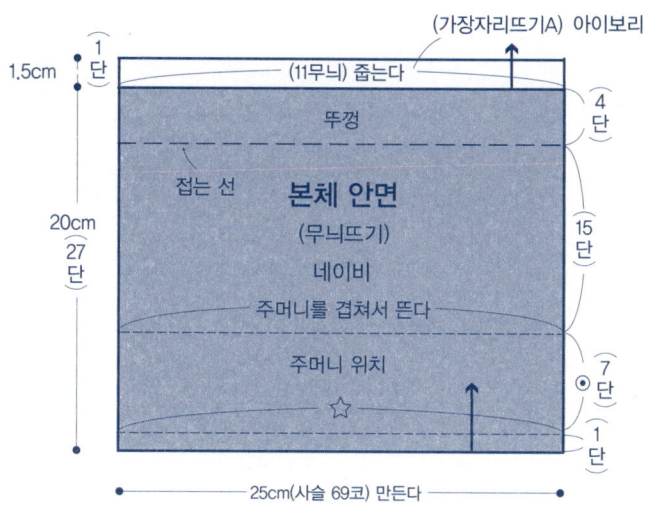

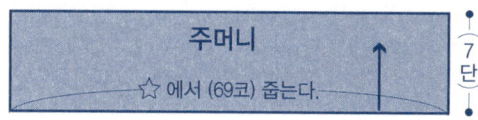

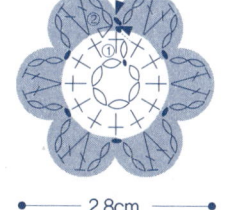

장식 2장

장식 배색표

단수	색
2단	네이비
1단	아이보리

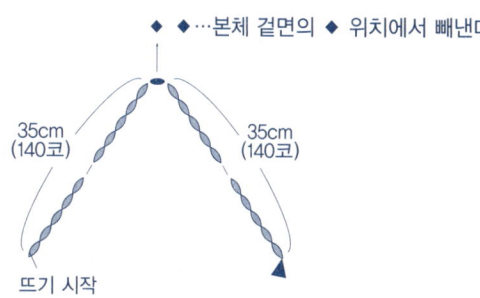

* **재료**
하마나카 순모중세 네이비(19) 40g 아이보리(1) 35g

* **바늘**
코바늘 3/0호

* **완성치수**
폭 34cm×높이 17.5cm

* **게이지**
10cm 평방 무늬뜨기 27.5코×13.5단
모티브 직경 2.8cm

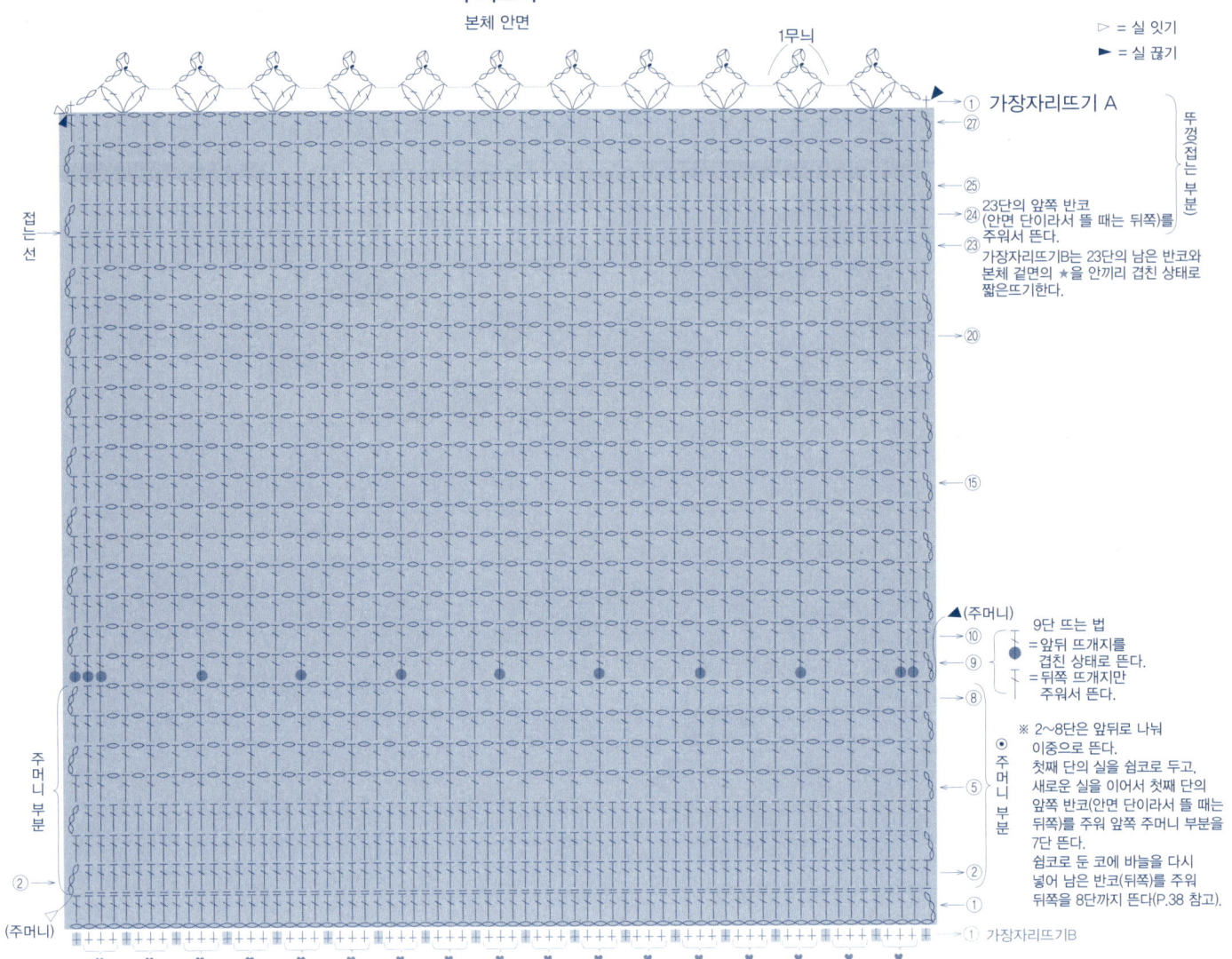

* 뜨는 법 포인트

· 본체 안면은 시작코로 사슬 69코를 만들어 무늬뜨기로 1단 뜬다. 2~8단(⊙)은 앞뒤로 나눠 이중으로 뜨고 9단에서 지정 위치를 겹치면서 뜬다. 27단까지 뜨고, 가장자리뜨기A를 1단 뜬다.

· 본체 겉면은 모티브를 연결하면서 뜬다. 모티브는 사슬 6코로 고리를 만들어 도안을 참고하여 배색하면서 2단 뜬다. 2번째 장부터는 2단에서 먼저 뜬 모티브와 연결하면서 72장 뜬다.

· 본체 안면을 접는 선에서 안쪽으로 접어, 본체 겉면과 안끼리 맞대게 겹친 후 주위에 가장자리뜨기B를 1단 뜬다.

· 장식은 사슬 6코로 고리를 만들어 배색하면서 2단을 뜬다.

· 완성도를 참고하여 끈은 스레드코드를 뜨면서 지정 위치에 달고, 끈 끝에 장식을 각각 꿰맨다. 본체 안쪽의 양끝을 본체 바깥쪽에 감침질한다.

본체 겉면 (모티브 연결) 72장

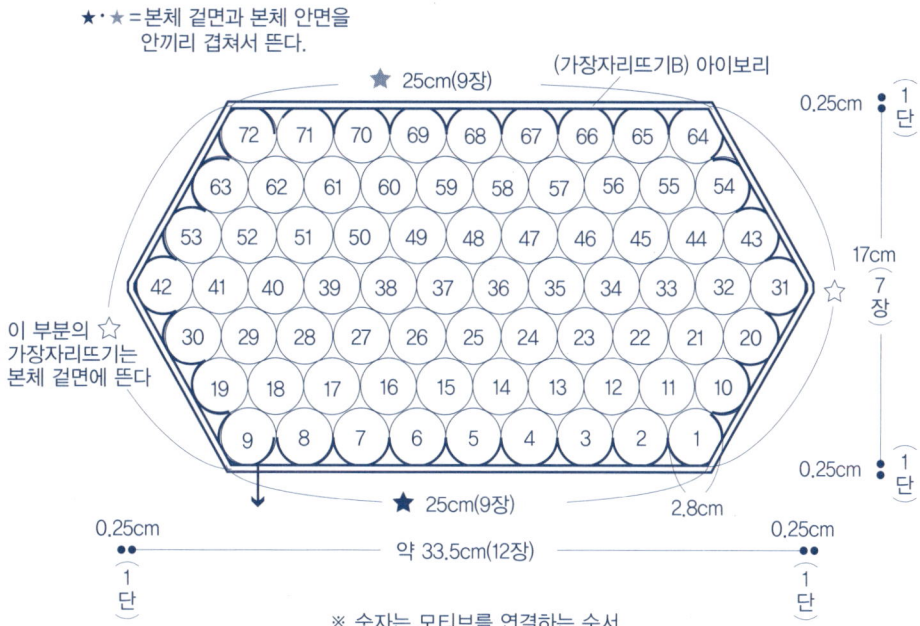

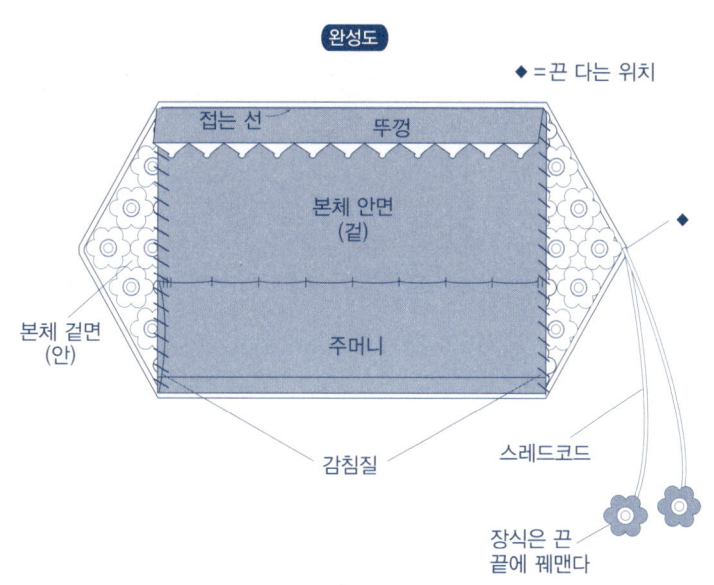

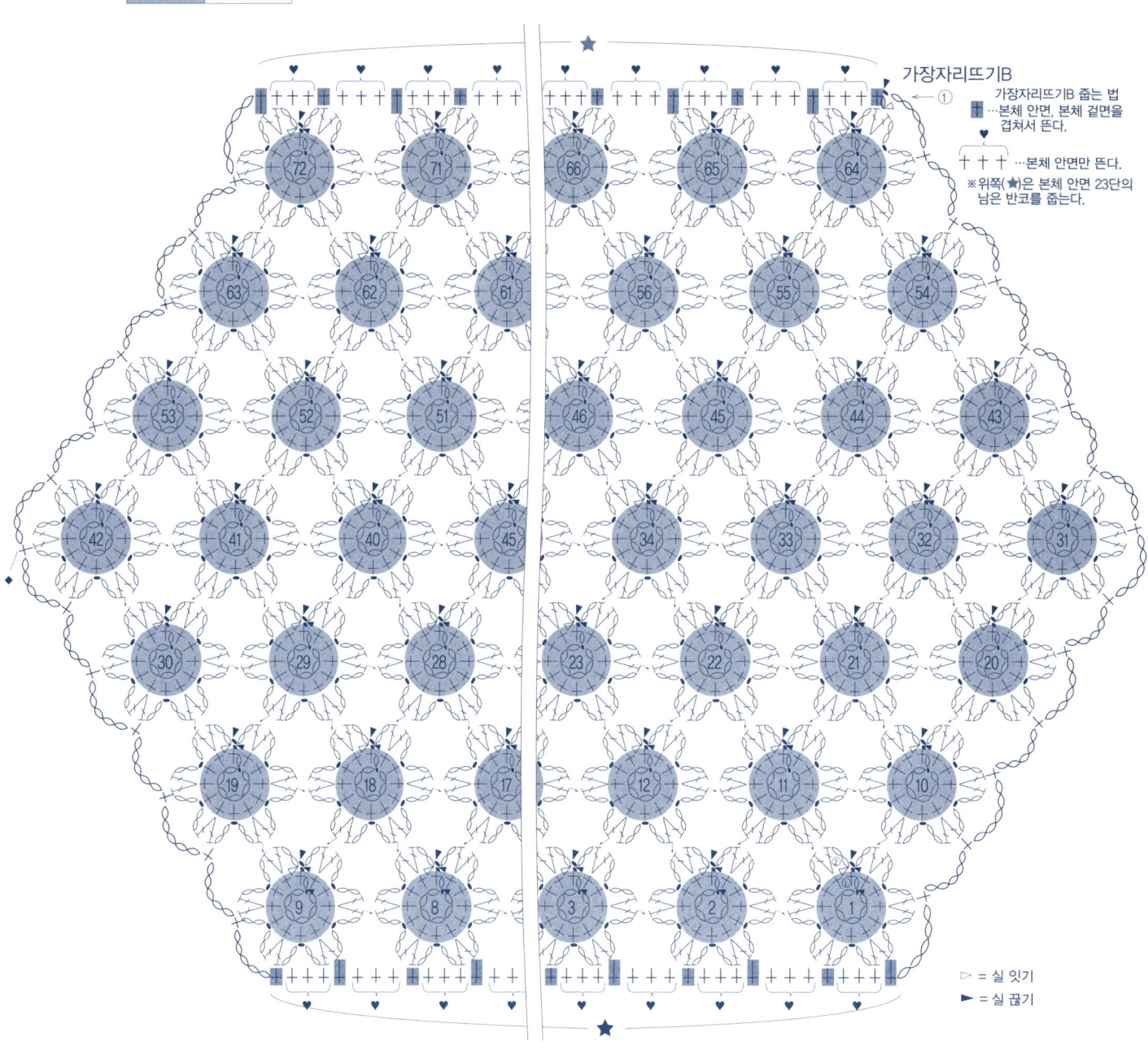

|| page 26 ||

사각 모티브를 연결한 커버

motif 19

본체

16	15	14	13
12	11	10	9
8	7	6	5
4	3	2	1

(모티브 연결)

38cm(4장)
38cm(4장)
9.5cm × 9.5cm

= 1길긴뜨기 3코 구슬뜨기

※숫자는 모티브를 연결하는 순서

* **재료**
다루마 손뜨개실 코튼&마 라지 베이지(2) 45g
* **바늘**
코바늘 4/0호
* **완성치수**
38cm×38cm
* **게이지**
모티브 크기 9.5cm×9.5cm
* **뜨는 법 포인트**
· 모티브는 실 끝으로 고리를 만들어 도안을 참고하여 5단 뜬다. 2장부터는 5단에서 먼저 뜬 모티브와 연결하면서 모두 16장 뜬다.

모티브 연결
본체

▶ = 실 끊기

작은 꽃무늬의 뫼비우스 숄

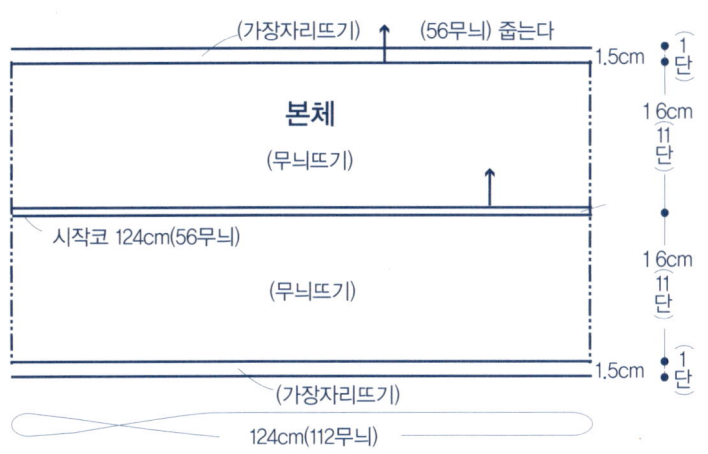

* **재료**
리치모어 바카라·에폭크 핑크계(253) 330g

* **바늘**
코바늘 7/0호

* **완성치수**
폭 35cm, 길이 124cm

* **게이지**
10cm 평방으로 무늬뜨기 4.5무늬×7단

* **뜨는 법 포인트**
· 도안을 참고하여 시작코를 뜨고 틀면서 원형으로 한다. 계속해서 무늬뜨기를 시작코 양쪽으로 11단을 뜬다. 가장자리뜨기를 1단 뜬다(P.44 참고).

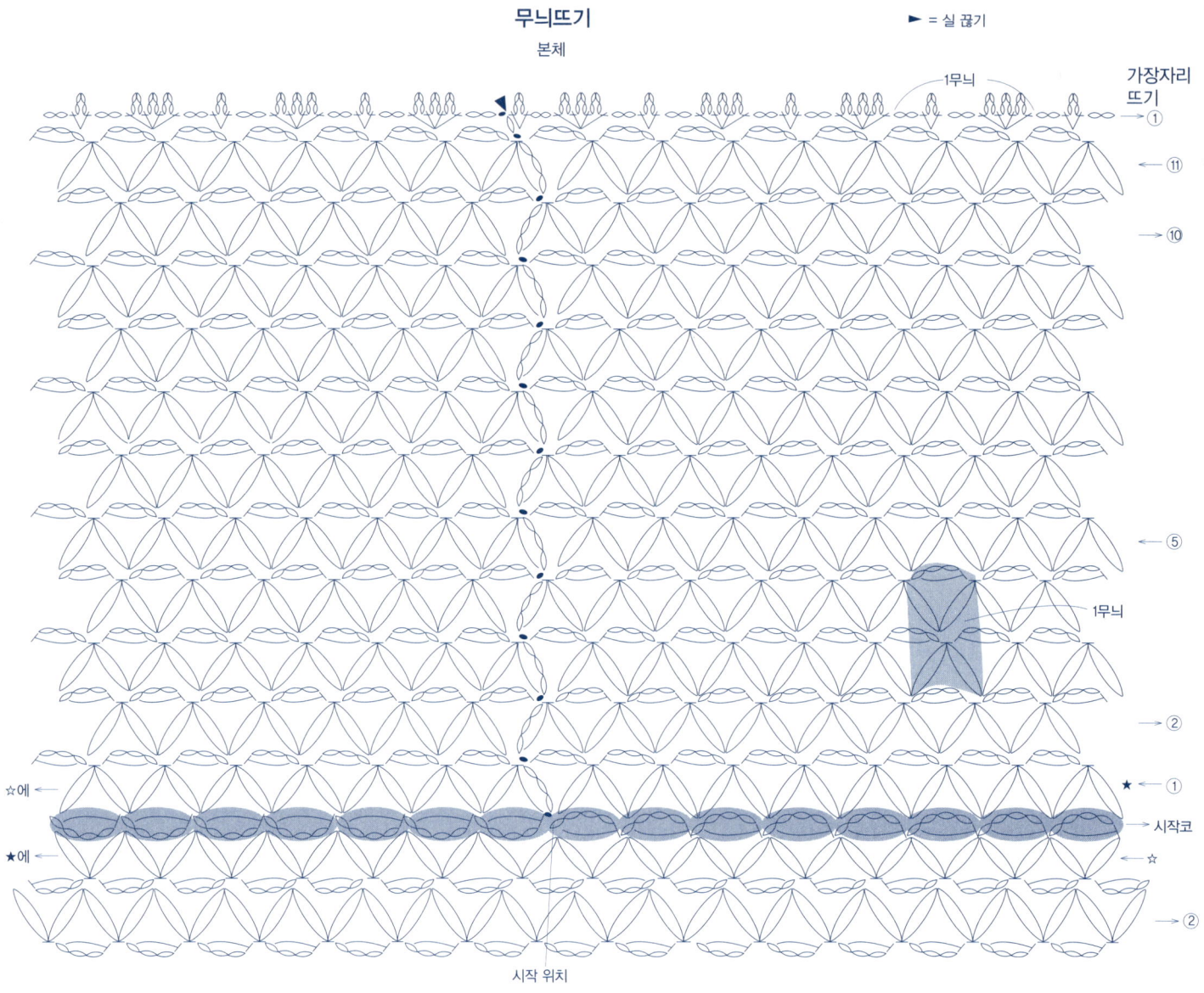

‖ page 32 ‖
꽃무늬 런치백

pattern 2

* **재료**

다루마 손뜨개실 메리노스타일 합태 핑크(105) 65g 베이지(102) 20g 그레이(104) 6g

* **바늘**

코바늘 5/0호

* **완성치수**

폭 27.5cm, 깊이 15.5cm(손잡이 제외)

* **게이지**

10cm 평방으로 짧은뜨기의 이랑뜨기로 배색무늬 24코×21단

* **뜨는 법 포인트**

· 바닥은 사슬 27코로 시작한다. 도안을 참고하여 코를 늘리면서 짧은뜨기의 이랑뜨기를 원형으로 13단 뜨는데, 옆면 배색 부분과 두께를 맞추기 위해 베이지 실을 감싸면서 뜬다. 일단 실을 자르고 옆면을 짧은뜨기의 이랑뜨기로 배색무늬 증감 없이 33단을 뜬다.

· 손잡이는 사슬 60코로 시작해서 짧은뜨기로 9단 뜬다. 시작코와 마지막 단의 코를 감침질로 꿰맨다.

· 완성도를 참고하여 손잡이를 옆면 안쪽에 꿰맨다.

page 32

손잡이 핑크 2장
(짧은뜨기)
4cm / 9단
30cm(60코)만든다
겉
시작코의 사슬 바깥쪽 1가닥과 최종단의 짧은뜨기 머리 바깥쪽 1가닥을 감침질로 꿰맨다

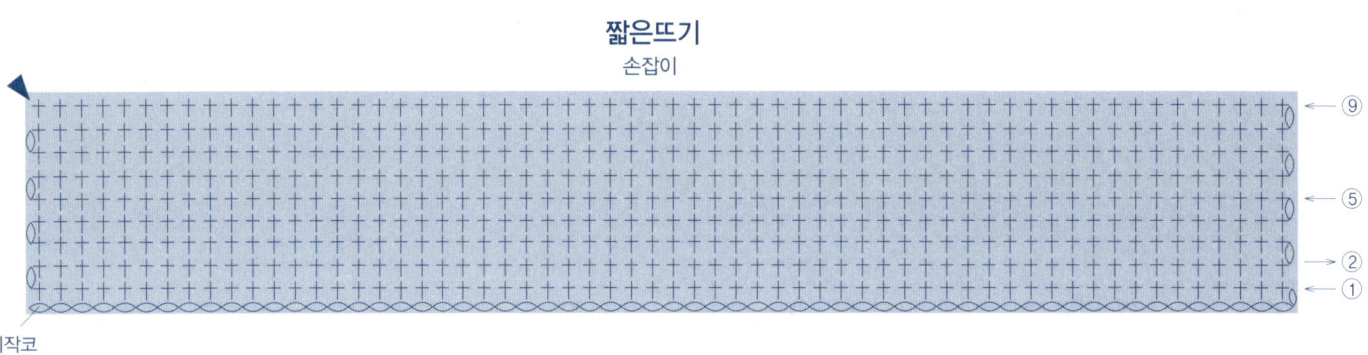

짧은뜨기
손잡이

시작코
사슬(60코)

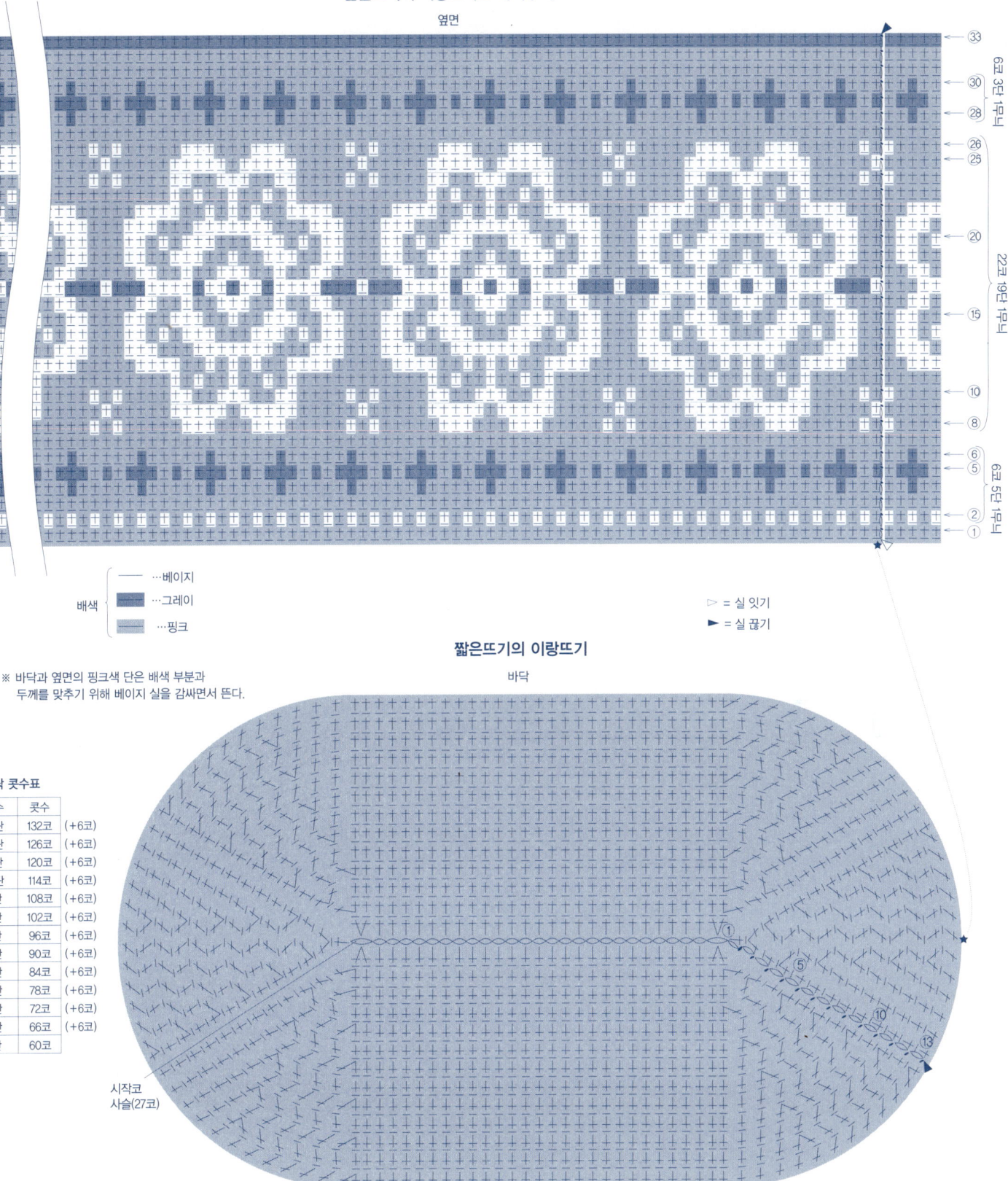

pattern 3 || page 33 ||

트리무늬 물주머니 커버

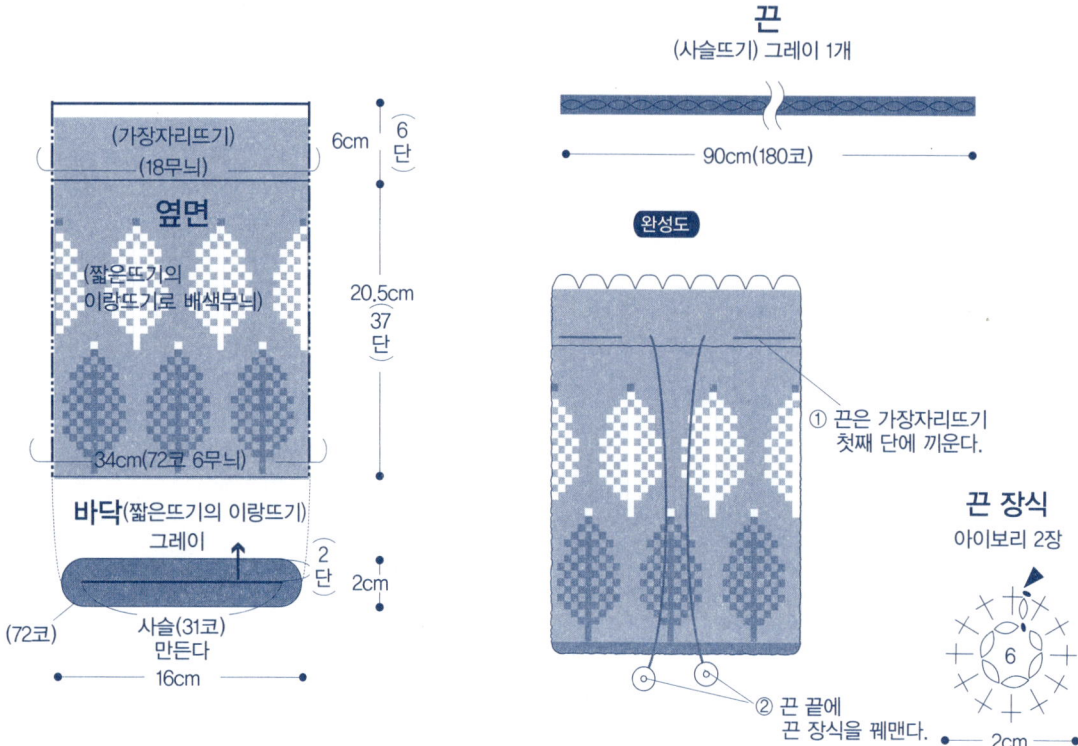

* **재료**
파피 제트랜드 리프그린(48) 50g 그레이(34), 아이보리(50) 각 15g

* **바늘**
코바늘 6/0호

* **완성치수**
폭 17cm, 깊이 26.5cm

* **게이지**
10cm 평방으로 짧은뜨기의 이랑뜨기로 배색무늬 21코×18단

* **뜨는 법 포인트**
· 바닥은 사슬 31코로 시작한다. 도안을 참고하여 코를 늘리면서 짧은뜨기의 이랑뜨기를 원형으로 2단 뜬다. 계속해서 옆면은 짧은뜨기의 이랑뜨기로 배색무늬 증감 없이 37단 뜨고 가장자리뜨기를 6단 뜬다.
· 끈은 사슬뜨기로 뜨고, 가장자리뜨기의 첫째 단에 끼운다.
· 끈 장식은 도안을 참고하면서 뜨고, 끈 끝에 꿰맨다.

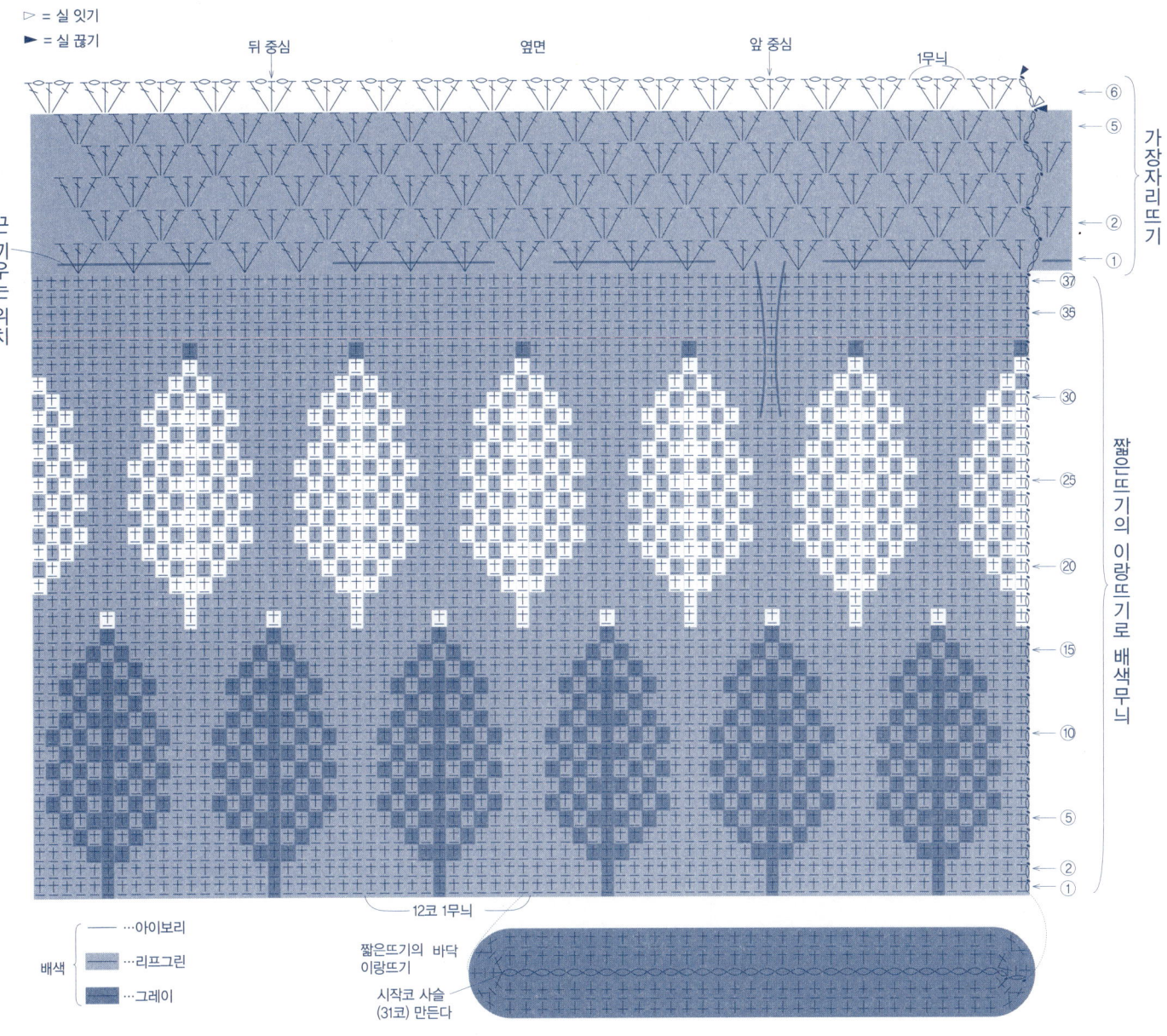

pattern 6 ‖ page 36 ‖

케이프&오버 스커트

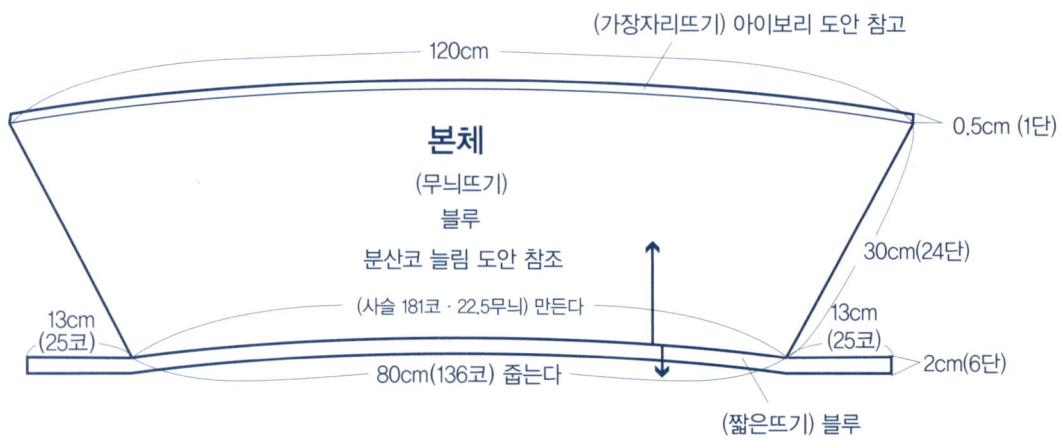

* **재료**

다루마 손뜨개실 원모에 가까운 메리노울 블루(5) 140g 아이보리(1) 5g

* **바늘**

코바늘 7/0호

* **완성치수**

밑단 둘레 120cm, 길이 32.5cm

* **게이지**

1무늬(시작코 쪽)가 약 4cm, 8단이 10cm

* **뜨는 법 포인트**

· 본체는 사슬 181코로 시작한다. 무늬뜨기로 분산코 늘림을 하면서 24단을 뜬다. 계속해서 가장자리뜨기를 아이보리로 1단 뜬다.

· 끈 부분은 사슬 25코를 뜬 후 시작코 반대쪽에서 136코를 주워 짧은뜨기를 하고 계속해서 사슬 25코를 뜬다. 2단부터는 짧은뜨기로 6단을 뜬다.

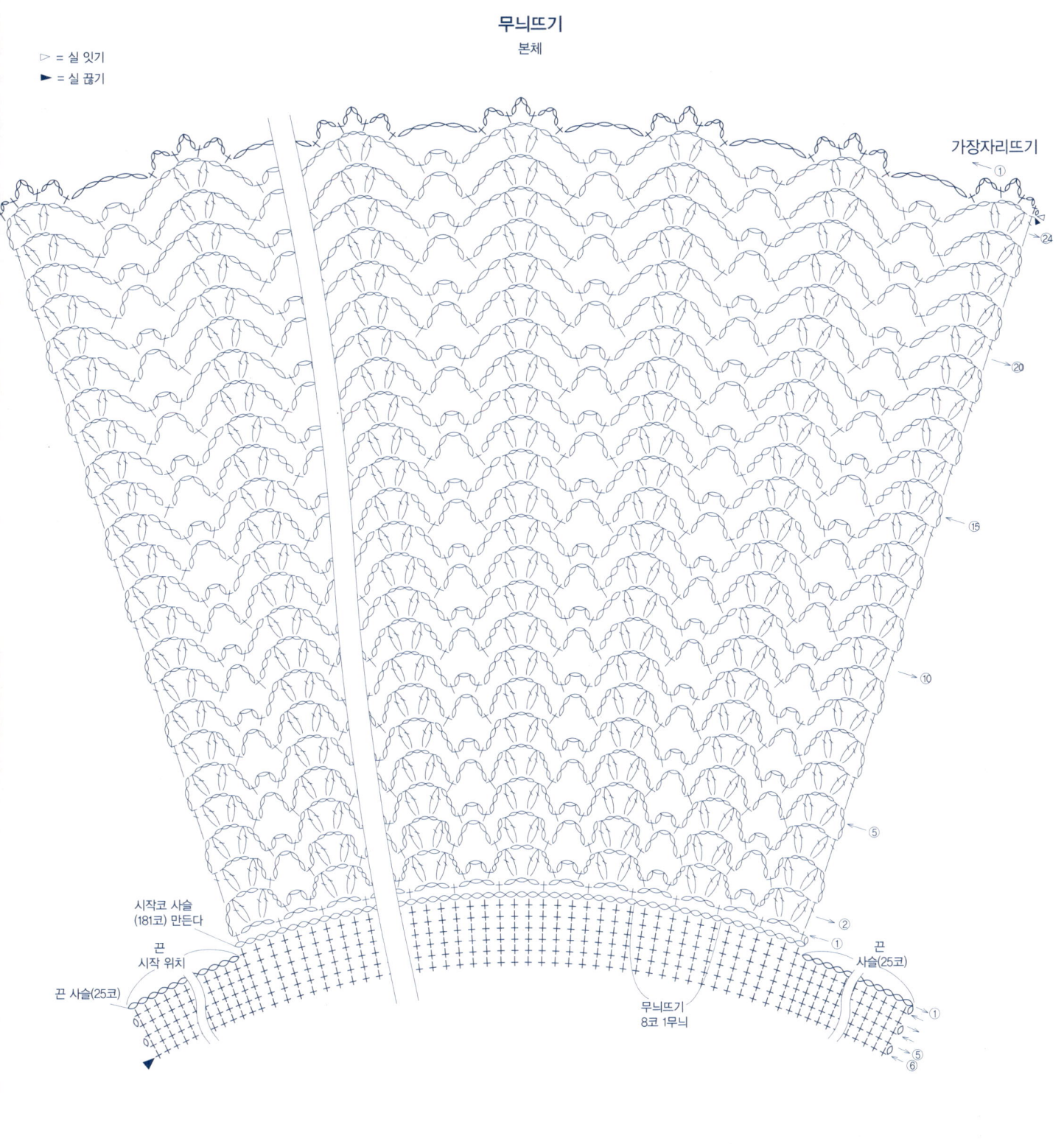

motif 22 & pattern 4

|| page 34 ||

*
구슬뜨기 무늬의 베레모

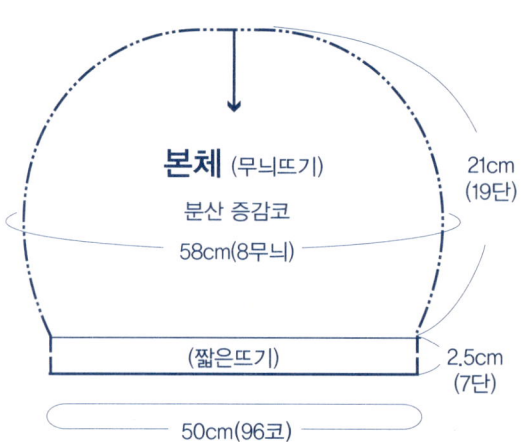

* **재료**

하마나카 알파카 모헤어피누 아이보리(1) 60g

* **바늘**

코바늘 7/0호

* **완성치수**

머리둘레 50cm, 깊이 23.5cm

* **게이지**

머리둘레 50cm, 깊이 23.5cm

* **뜨는 법 포인트**

· 실 끝으로 고리를 만든다. 도안을 참고하여 분산코 늘림, 분산코 줄임을 하면서 19단을 뜬다. 계속해서 짧은뜨기를 7단 뜬다.

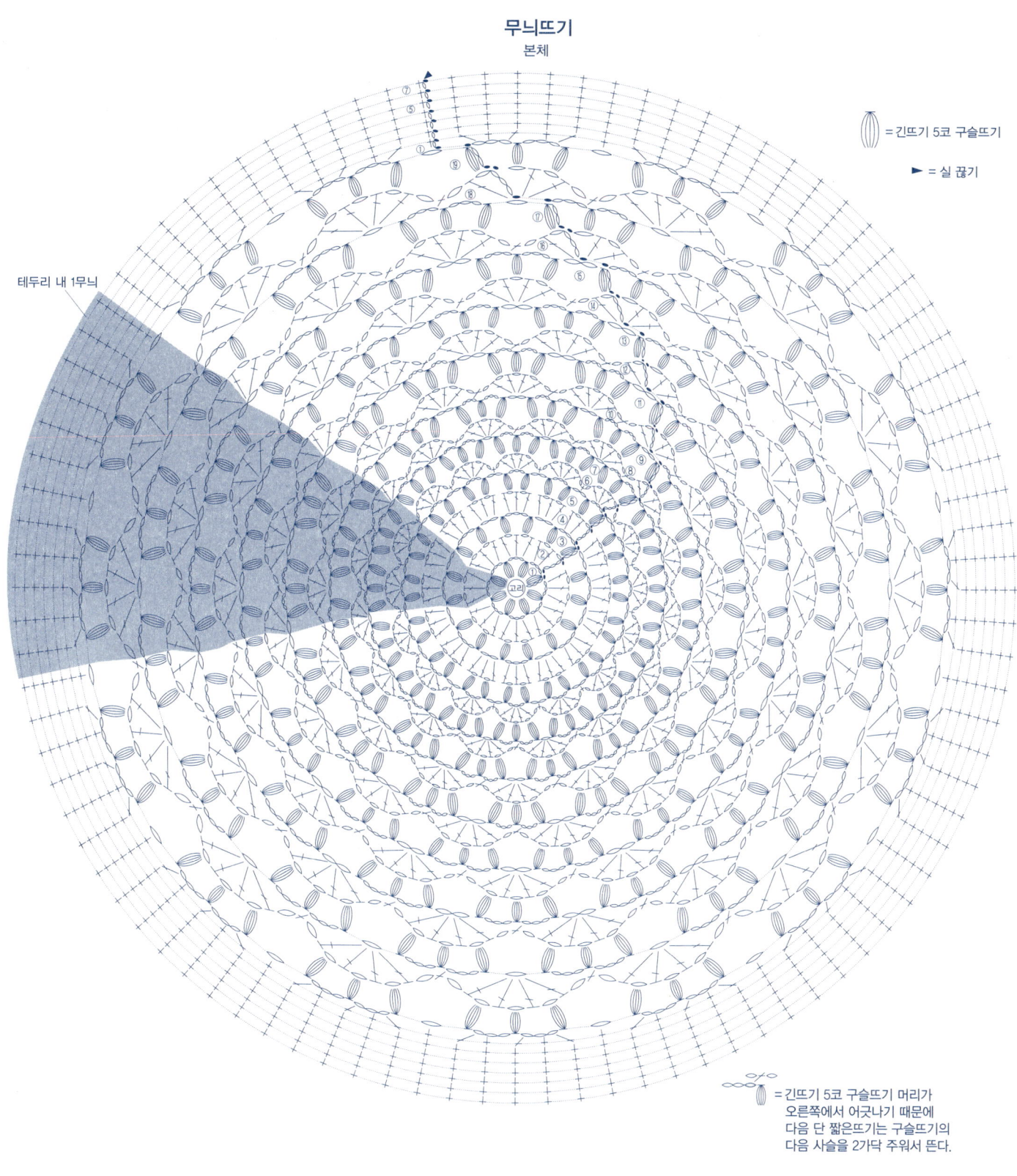

pattern 4 　　　　　‖ page 34 ‖
＊
구슬뜨기 무늬의 핸드워머

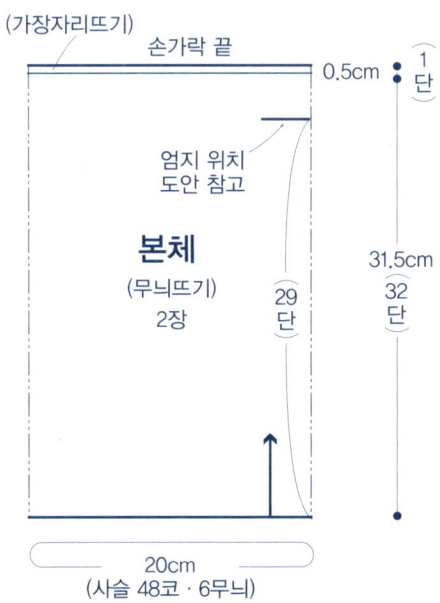

* **재료**
다루마 손뜨개실　코튼&마 라지　베이지(2) 70g
* **바늘**
코바늘 5/0호
* **완성치수**
손목둘레 20cm, 길이 32cm
* **게이지**
10cm 평방으로 무늬뜨기 24코×10단
* **뜨는 법 포인트**
· 사슬 48코를 만들어 원형으로 두고 무늬뜨기로 32단을 뜬다. 29단은 엄지 위치의 뜨는 법이 다르니 조심한다. 계속해서 가장자리뜨기를 1단 뜬다.

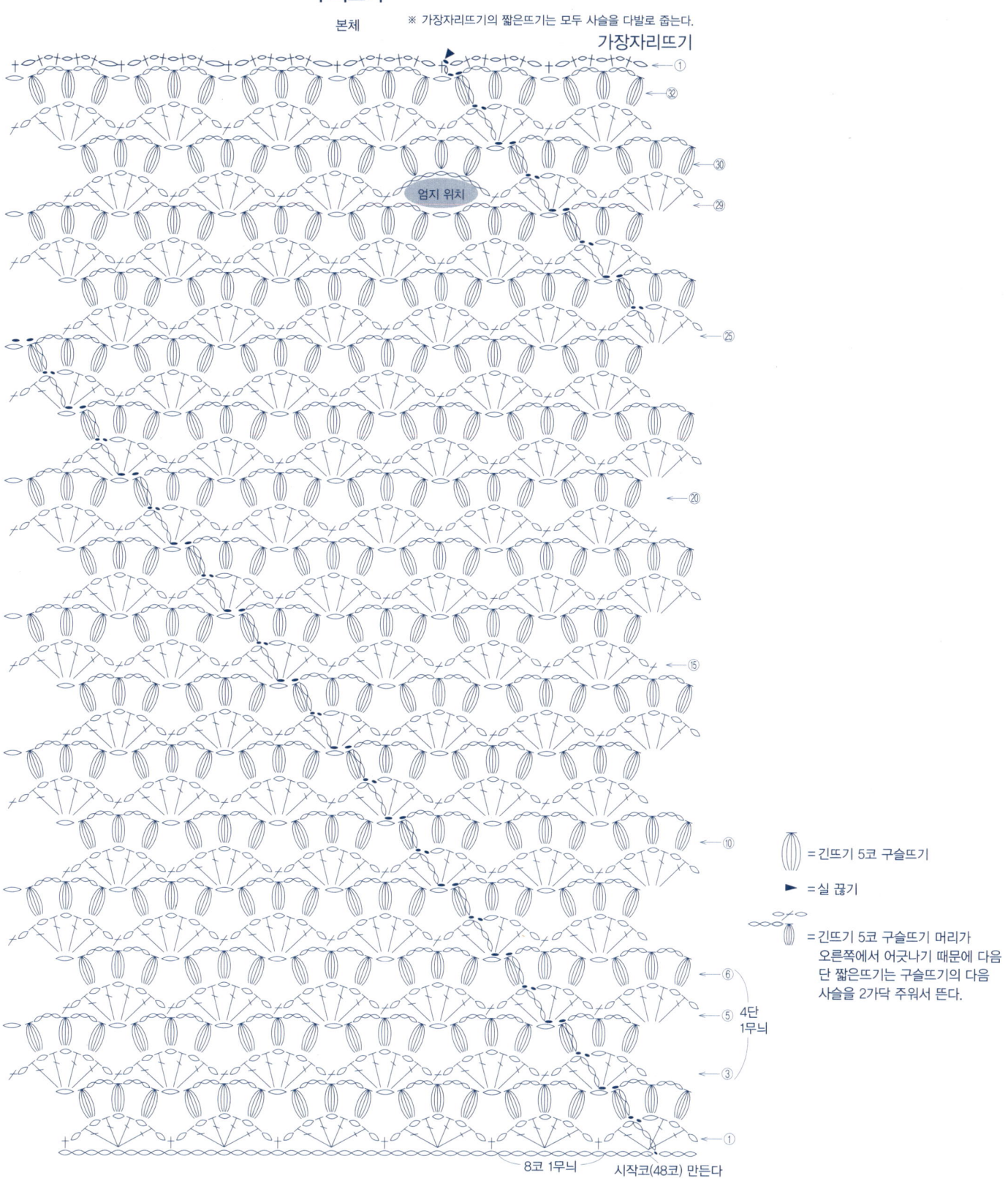

pattern 7, 8 ‖ page 37 ‖

튜닉

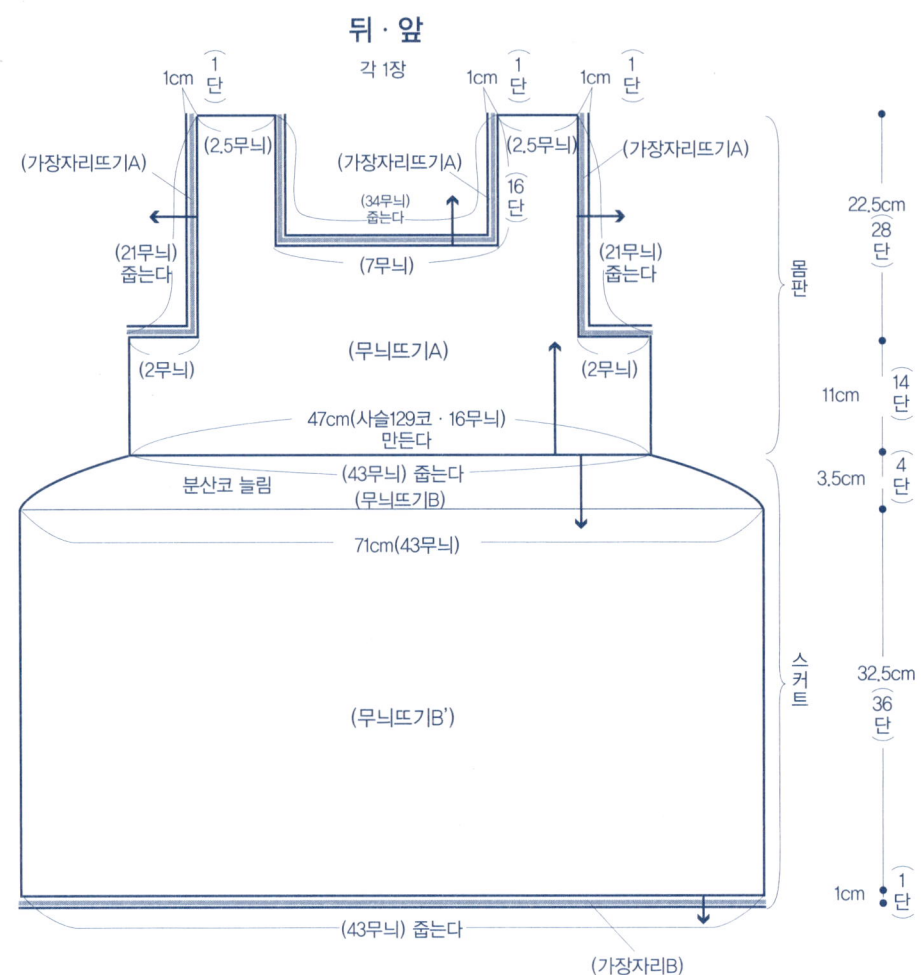

* **재료**
리치모어 바카라퓰(파인) 그레이(306) 255g
폭 7mm의 리본 약 2m
* **바늘**
코바늘 5/0호
* **완성치수**
가슴둘레 94cm, 길이 71cm
* **게이지**
10cm 평방으로 무늬뜨기A 27.5코×12.5단
무늬뜨기B 약 6무늬×11단

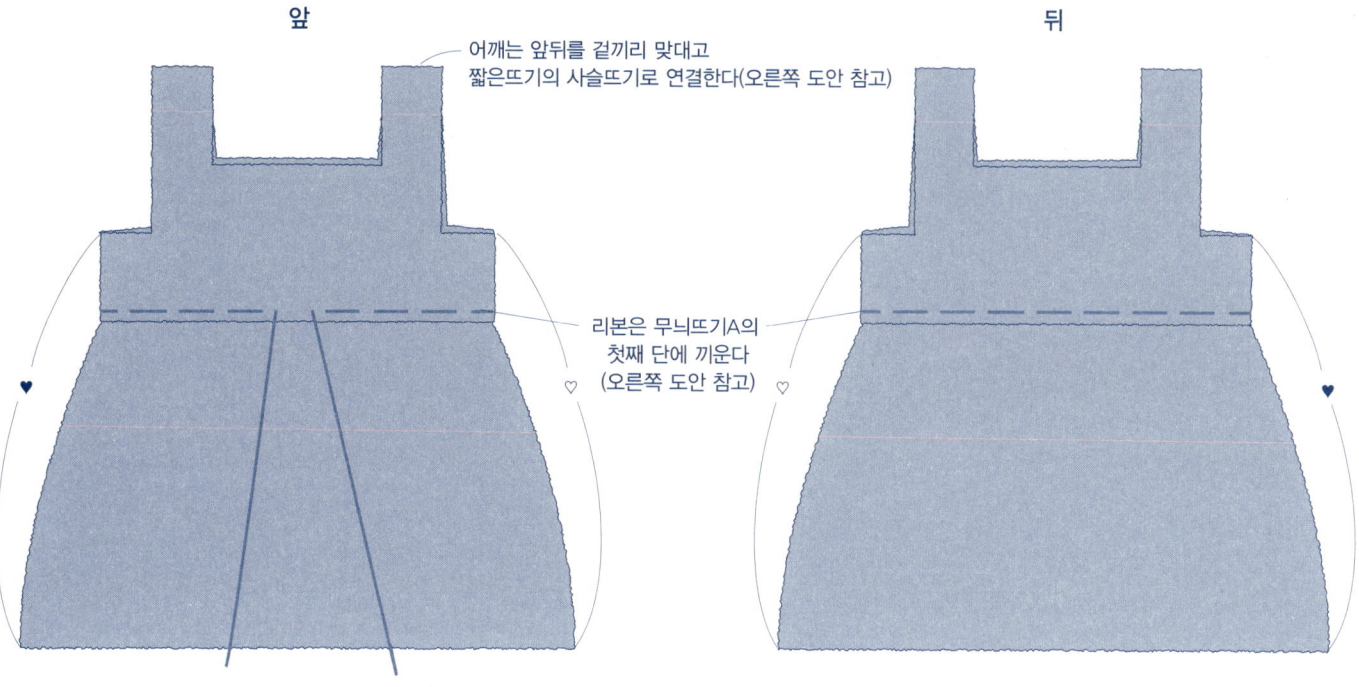

※ 앞뒤의 ♥와 ♥, ♡와 ♡를 겉끼리 맞대고 짧은뜨기와 사슬을 뜨면서 연결한다.

* 뜨는 법 포인트

- 뒤와 앞은 사슬 129코를 만들어 뜨기 시작하고 무늬뜨기A로 42단을 뜬다. 시작코의 반대쪽에서 코를 주워 무늬뜨기B로 4단 뜨고 계속 무늬뜨기B'로 36단을 뜬다.
- 뒤와 앞을 겉끼리 맞대고 어깨와 옆선을 짧은뜨기와 사슬을 뜨면서 연결한다.
- 목둘레, 진동에 가장자리뜨기A를 각각 한 바퀴 돌면서 1단 뜬다.
- 밑단에 가장자리뜨기B를 한 바퀴 돌면서 1단 뜬다.
- 무늬뜨기A의 첫째 단에 리본을 끼운다.

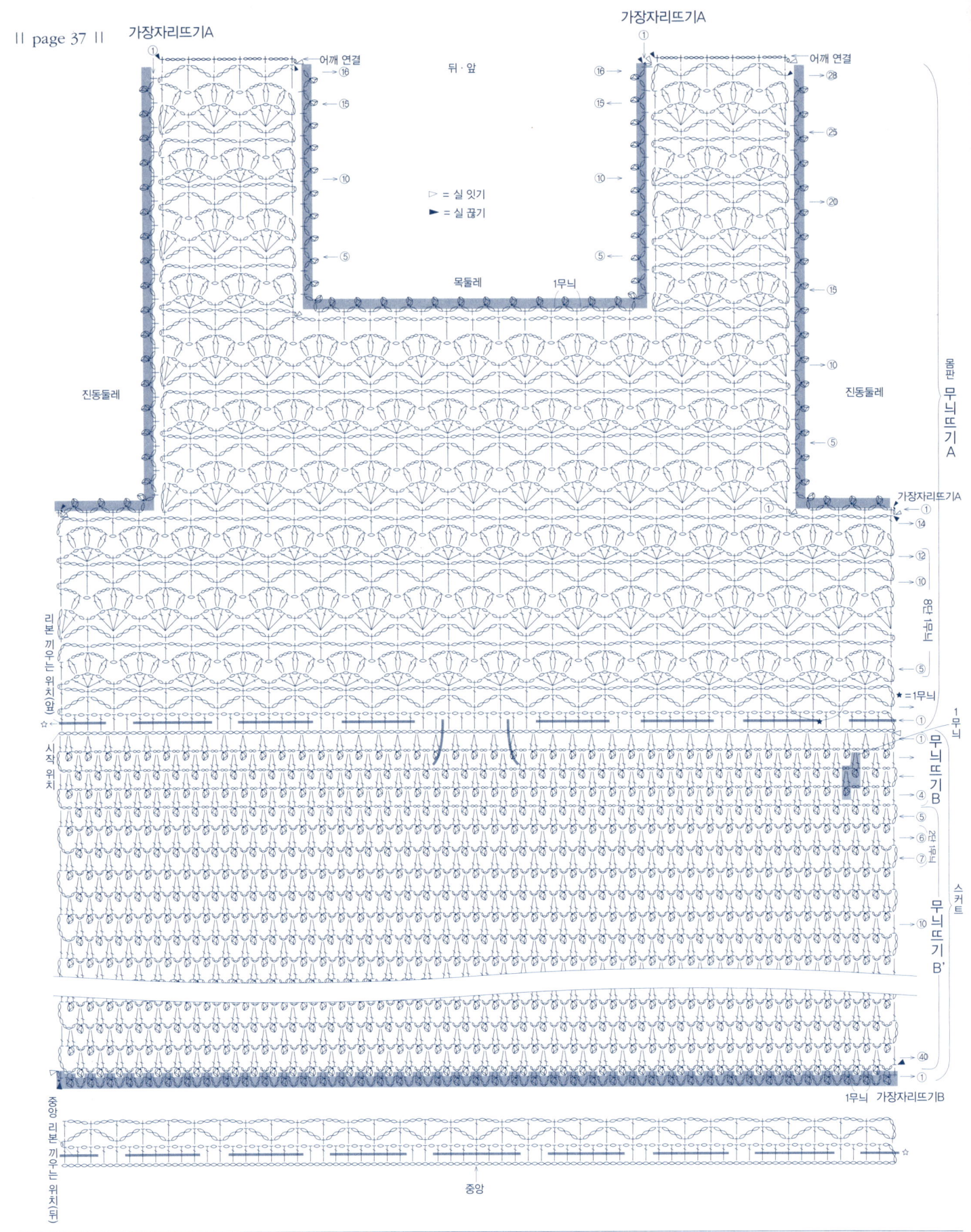

Basic Technique Guide
코바늘뜨기의 기초

뜨기 시작(시작코)

실 끝으로 고리를 만드는 시작코 …126
사슬로 고리를 만드는 시작코 …127

코바늘뜨기 기호와 뜨는 법

사슬뜨기 …128
빼뜨기 …128
짧은뜨기 …129
1길긴뜨기 …130
긴뜨기 …130
짧은뜨기의 이랑뜨기 …131
1길긴뜨기의 이랑뜨기 …132
1길긴뜨기 2코 넣어뜨기 …132
짧은뜨기 2코 넣어뜨기 …132
1길긴뜨기 3코 모아뜨기 …133
짧은뜨기 2코 모아뜨기 …133
1길긴뜨기 3코 구슬뜨기 …133-134
긴뜨기 3코 구슬뜨기 …134
긴뜨기 3코 변형 구슬뜨기 …135
사슬뜨기 3코 피코 빼뜨기 …135-136
짧은뜨기의 배색무늬 …136
스레드코드 뜨는 법 …136

모티브 연결법

짧은뜨기로 연결하기 …137
빼뜨기로 연결하기 …137
빼뜨기로 3장 이상 연결하기 …137
1길긴뜨기로 연결하기 …138
감아 잇기 …138

뜨기 시작(시작코)

실 끝으로 고리를 만드는 시작코

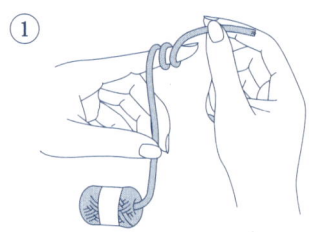

① 왼손 검지에 실 끝을 2번 감는다.

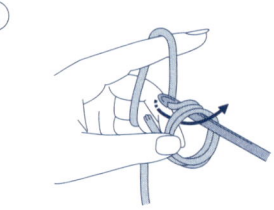

② 감은 고리를 왼손으로 쥐고, 고리 안으로 바늘을 넣어 실을 빼낸다.

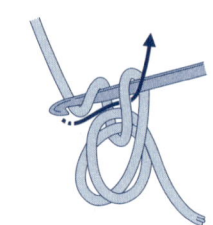

③ 바늘에 실을 걸어 빼낸다.

④ 시작코 고리 완성(이 코는 콧수로 세지 않는다).

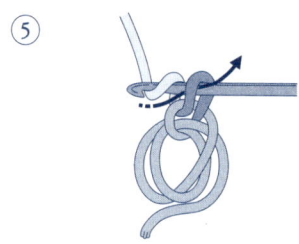

⑤ 1단 기둥으로 세워질 사슬을 뜬다.

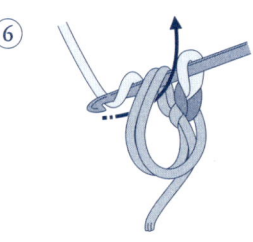

⑥ 시작코 고리 안에 바늘을 넣어 실을 빼낸다.

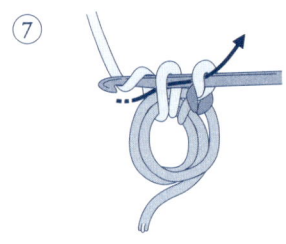

⑦ 바늘에 실을 걸어 빼고 짧은뜨기를 한다.

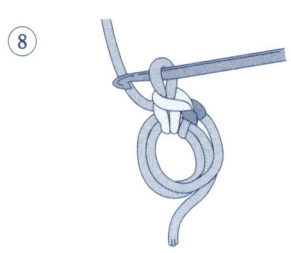

⑧ 짧은뜨기 1코 완성. 계속 같은 방법으로 뜬다.

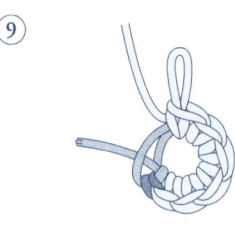

⑨ 1단 짧은뜨기 6코 완성.

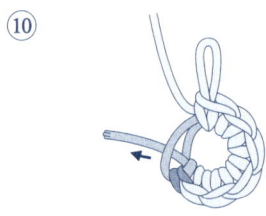

⑩ 1단 6코를 뜨면 중심 고리를 당겨 조인다. 실 끝을 당기면 고리에 있는 2가닥의 실 중에서 실 끝에 가까운 1가닥의 실이 움직인다.

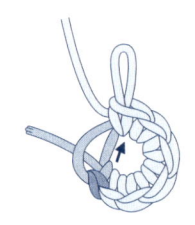

⑪ 움직인 실을 당겨 고리를 조인다(당긴 쪽의 고리가 남는다).

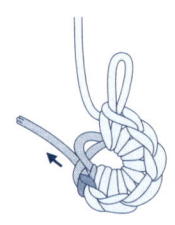

⑫ 실 끝을 당기면 남은 실 끝에 가까운 고리가 조여진다.

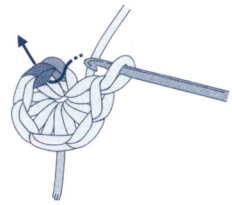
⑬ 1단 마무리는 시작코인 짧은뜨기 머리의 실 2가닥을 주워서,

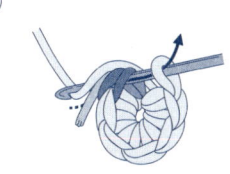
⑭ 바늘에 실을 걸어 빼낸다.

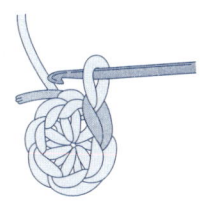
⑮ 1단 완성.

 사슬로 고리를 만드는 시작코

① 필요 콧수(여기서는 6코)의 사슬을 뜬다.

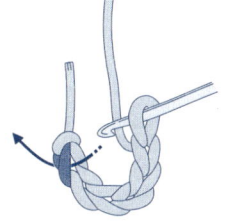
② 사슬 첫째 코에 빼뜨기를 한다.

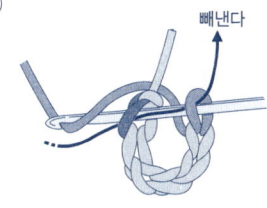
③ 사슬 반코와 뒷산을 주워 바늘에 실을 걸어 빼낸다.

④ 사슬로 고리 완성.

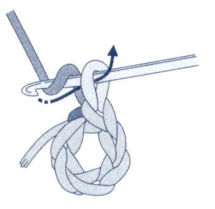
⑤ 계속해서 기둥으로 세워질 사슬을 뜨고,

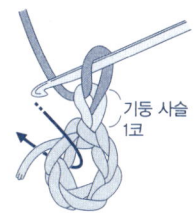
⑥ 고리 안으로 바늘을 넣어 실 끝도 같이 감싸면서 1단을 뜬다.

코바늘뜨기 기호와 뜨는 법

 사슬뜨기 제일 기본이 되는 뜨개코, 다른 뜨개코의 시작코(받침코)로도 쓰인다.

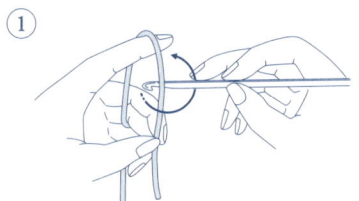

① 실 끝을 10cm 정도 남기고 실 뒤쪽에 바늘을 대고 바늘을 돌려서 실을 감는다.

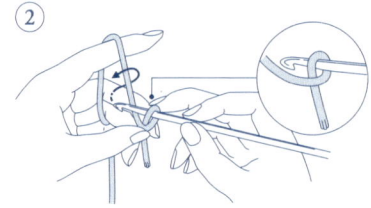

② 실의 교차점을 누르면서 화살표 방향으로 바늘을 움직여서 실을 건다.

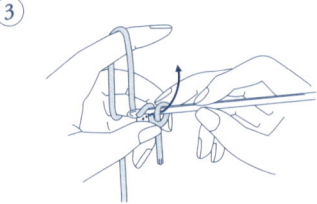

③ 바늘에 실을 걸어 빼낸다.

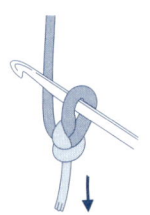

④ 실 끝을 당겨 고리를 조인다. 이것이 시작코가 되고 콧수로 세지 않는다.

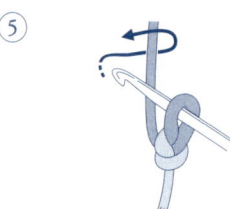

⑤ 바늘을 실 앞쪽에서 화살표 방향으로 움직여서 실을 건다.

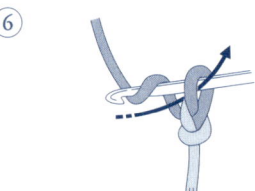

⑥ 바늘에 실을 걸어 바늘에 걸려 있는 고리 안으로 빼낸다.

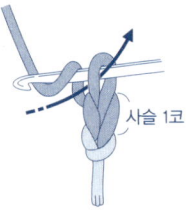

⑦ 바늘에 걸려 있는 고리 아래에 사슬이 1코 생긴다. 계속 바늘에 실을 걸어 빼내서 뜬다.

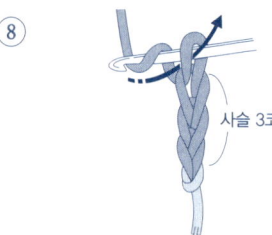

⑧ 사슬 3코 완성. 같은 방법으로 떠간다.

 빼뜨기 보조적인 뜨개법이고 코와 코를 연결할 때에도 사용한다.

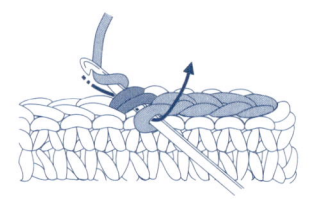

바늘에 실을 걸어 빼낸다.

***사슬 줍는 법**

• 사슬 뒷산을 줍는다.

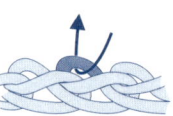

사슬 형태를 유지할 수 있고 깔끔하게 완성된다.

• 사슬 반코와 뒷산을 줍는다.

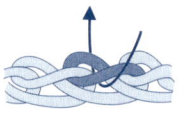

줍기 편하고 안정감이 있어 단단하다.

***사슬뜨기의 시작은 풀린다**　사슬을 시작코로 사용하는 경우 1단을 뜨다가 시작콧수가 모자라면 다시 코를 만들 수가 없어 불안하니 아예 여유 있게 코를 만들어 둔다.

① 사슬뜨기의 시작.

② 실 끝에 이어져 있는 실을 빼낸다.

③ 계속 이어져 있는 실을 빼낸다.

④ 코바늘을 넣어 실을 빼낸다.

⑤ 실 끝을 당기면 사슬코가 풀린다.

짧은뜨기
'기둥'은 사슬 1코이고, 작기 때문에 콧수로 세지 않는다.

① 기둥으로 세워질 사슬 1코를 뜨고, 시작코 끝의 코를 줍는다.

② 바늘에 실을 걸어 빼낸다. 이 상태를 '미완성의 짧은뜨기'라고 부른다.

③ 바늘에 실을 걸어 2개의 고리를 한 번에 빼낸다.

④ 1코 완성.

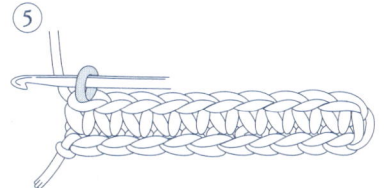

⑤ 같은 방법으로 계속 뜬다. 10코 완성된 모습.

※ 사슬뜨기 이외의 뜨개법은 시작코나 코를 뜨는 받침코가 없으면 뜨지 못한다. 또 뜨 개코의 높이를 맞추고 싶다면 뜨기 시작하기 전에 '기둥'이라고 부르는 사슬코를 떠 줘야 한다.

1길긴뜨기 '기둥'은 사슬 3코이고, 기둥도 1코로 센다.

①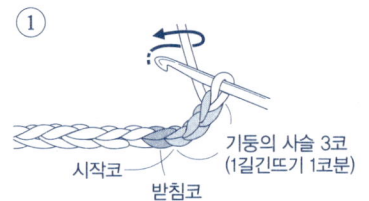

기둥으로 세워질 사슬 3코를 뜨고, 바늘에 실을 건다.

②

기둥이 1코가 되니 시작코의 끝에서 2번째 코를 줍는다.

③

바늘에 실을 걸어 사슬 2코분 정도 길이의 실을 빼낸다.

④

바늘 끝에 실을 걸어 2개의 고리를 빼낸다.

⑤

이 상태를 '미완성의 1길긴뜨기'라고 부른다. 다시 바늘 끝에 실을 걸어 남은 2개의 고리를 빼낸다.

⑥

1코 완성. 기둥을 1코로 세고 여기까지 2코 완성.

⑦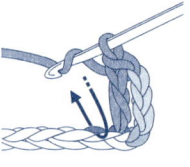

같은 방법으로 계속 뜬다.

⑧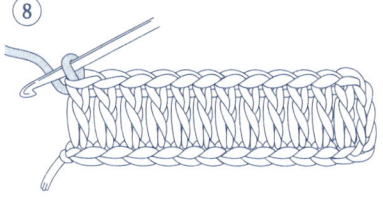

13코 완성.

긴뜨기 짧은뜨기와 1길긴뜨기의 중간 길이 뜨개코. '기둥'은 사슬 2코이고, 기둥도 1코로 센다.

①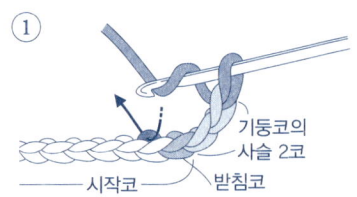

기둥으로 세워질 사슬 2코를 뜨고, 바늘에 실을 걸어 시작코의 끝에서 2번째 코를 줍는다.

②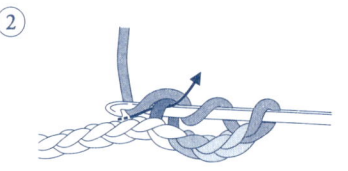

바늘 끝에 실을 걸어 빼낸다.

③

실은 사슬 2코분의 높이로 빼낸다.

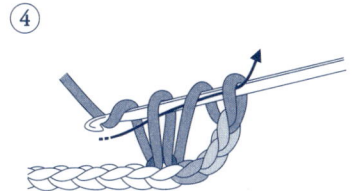

④ 이 상태를 '미완성의 긴뜨기'라고 부른다. 바늘에 실을 걸어 바늘에 걸려 있는 3개의 고리를 한 번에 빼낸다.

⑤ 1코 완성. 기둥코를 1코로 세고 여기까지 2코가 완성.

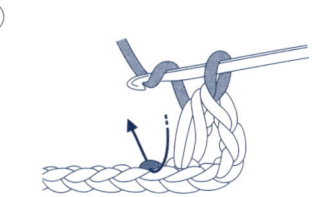

⑥ 같은 방법으로 계속 뜬다.

짧은뜨기의 이랑뜨기 (원형으로 뜨는 경우)

원형으로 뜨는 경우는 뜨개지 겉면만 보고 뜨기 때문에 항상 아랫단 뒤쪽 반코를 주워서 뜬다. 앞쪽에 사슬 반코가 줄기처럼 된다.

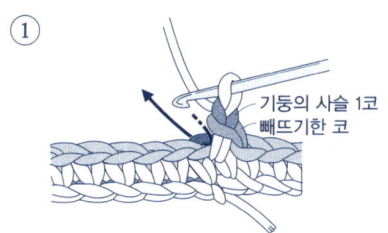

① 짧은뜨기를 1단 뜨면 첫째 코 짧은뜨기 머리에 빼뜨기를 한다. 2단의 기둥으로 세워질 사슬 1코를 뜨고 아랫단 첫째 코에 짧은뜨기 머리 뒤쪽 반코를 줍는다.

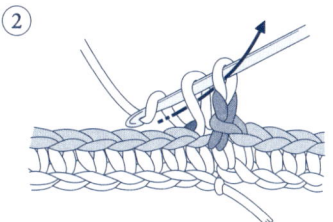

② 짧은뜨기를 한다.

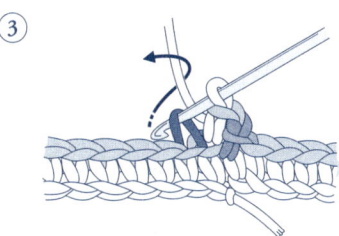

③ 계속 다음 코도 뒤쪽 반코를 주워 짧은뜨기를 한다.

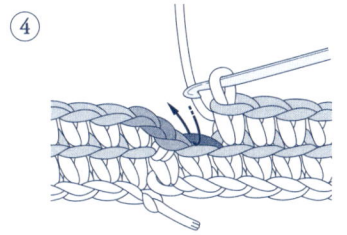

④ 같은 방법으로 뒤쪽 반코를 주워 짧은뜨기로 1단을 뜬다.

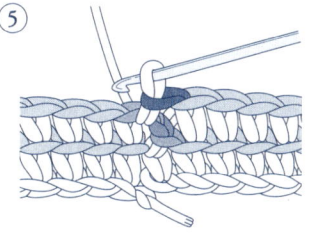

⑤ 2단 마무리도 첫째 코 짧은뜨기 머리에 빼뜨기를 한다.

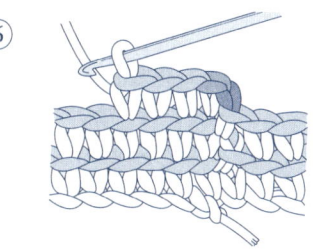

⑥ 같은 방법으로 아랫단 뒤쪽 반코를 주워서 떠간다.

1길긴뜨기의 이랑뜨기 (원형으로 뜨는 경우)

뜨개코가 달라도 기본은 같다. 앞쪽의 사슬 반코가 줄기처럼 된다.

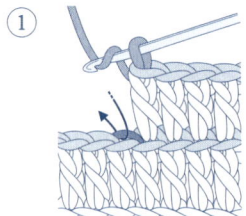
① 바늘에 실을 걸어 아랫단 머리 뒤쪽 반코를 주워

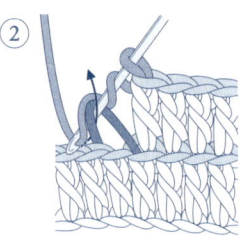
② 실을 빼내고

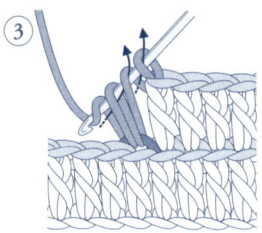
③ 1길긴뜨기를 한다.

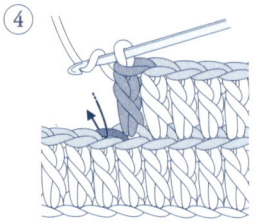
④ 같은 방법으로 계속 뜬다.

늘리기 · 줄이기 · 기타 뜨개코
어떤 뜨개법이라도, 콧수가 바뀌어도 기본은 같다.

1길긴뜨기 2코 넣어뜨기(코에 뜬다)

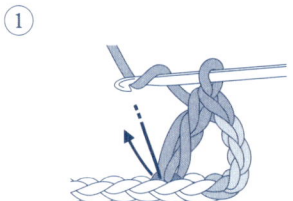
① 1길긴뜨기를 1코 뜨고, 바늘에 실을 걸어 같은 곳에 바늘을 넣는다.

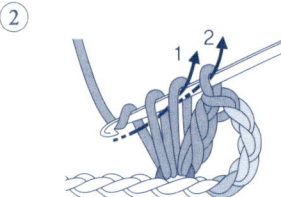
② 1길긴뜨기를 1코 더 뜬다.

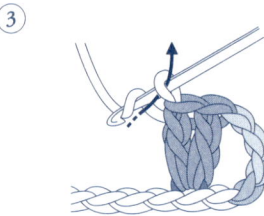
③ 1길긴뜨기 2코 완성. 기호의 다리가 붙어 있는 경우는 같은 코에 넣어서 뜬다.

1길긴뜨기 2코 넣어뜨기(다발에 뜬다)

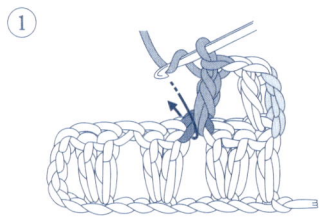
① 아랫단 사슬의 고리 전체를 다발로 주워 1길긴뜨기를 한다. 같은 고리를 주워 1코 더 뜬다.

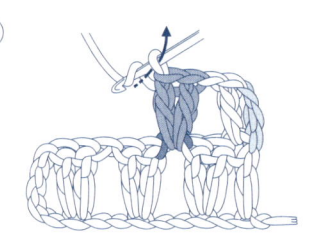
② 1길긴뜨기 2코 완성. 기호의 다리가 벌어져 있는 경우는 아랫단을 다발에 주워서 뜬다.

짧은뜨기 2코 넣어뜨기(코에 뜬다)

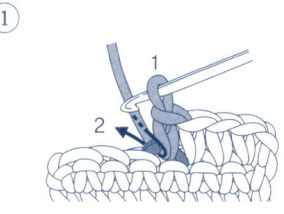
① 짧은뜨기를 1코 뜨고, 1코 더 같은 코에 넣어서 뜬다.

1길긴뜨기 3코 모아뜨기

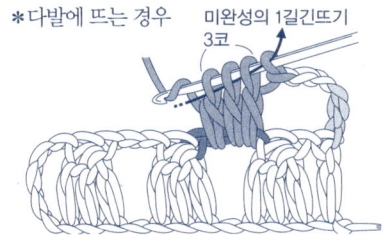

① 미완성의 1길긴뜨기(P.126~136 참고)를 3코 뜨고 바늘에 실을 걸어 모든 고리를 한 번에 빼낸다.

② 완성. 다음코를 뜨면 코가 안정된다.

＊다발에 뜨는 경우
아랫단 사슬의 고리 전체를 다발로 주워 미완성의 1길긴뜨기를 3코 뜨고 한 번에 빼낸다.

짧은뜨기 2코 모아뜨기

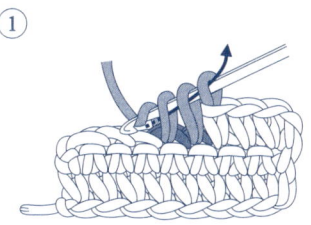
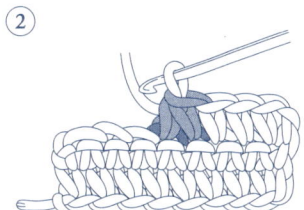

① 바늘에 실을 걸어 빼내고 다음 코도 바늘에 실을 걸어 빼낸다(미완성의 짧은뜨기 2코). 바늘에 실을 걸어 바늘에 걸려 있는 3개의 고리를 한 번에 빼낸다.

② 짧은뜨기 2코 모아뜨기 완성.

1길긴뜨기 3코 구슬뜨기(코에 뜬다)

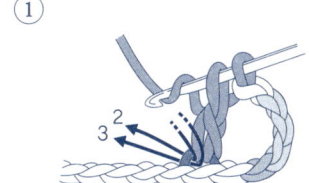

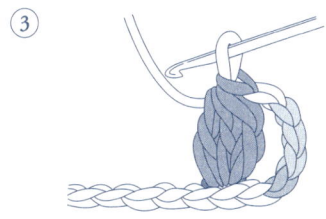

① 미완성의 1길긴뜨기(P.126~136 참고)를 하고, 같은 코에 2코 더 미완성의 1길긴뜨기를 한다.

② 미완성의 1길긴뜨기를 3코 뜨면 바늘에 실을 걸어 모든 고리를 한 번에 빼낸다.

③ 완성. 기호의 다리가 붙어 있는 경우는 모든 미완성 뜨개코를 같은 코에 넣어서 뜬다.

1길긴뜨기 3코 구슬뜨기(다발에 뜬다)

①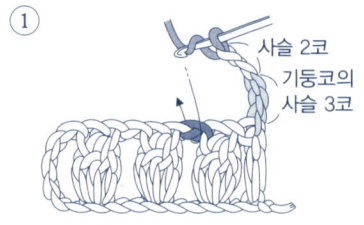
기호의 다리가 벌어져 있는 경우는 아랫단의 사슬을 다발로 줍는다.

②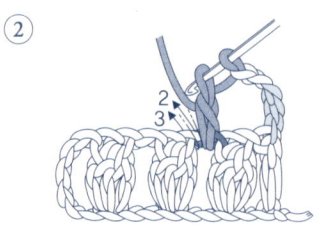
미완성의 1길긴뜨기를 하고, 같은 코에 2코 더 미완성의 1길긴뜨기를 한다.

③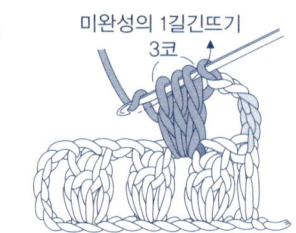
미완성 1길긴뜨기를 3코 뜨면 바늘에 실을 걸어 모든 고리를 한 번에 빼낸다.

긴뜨기 3코 구슬뜨기(코에 뜬다)

①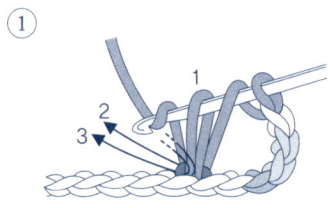
바늘에 실을 걸어 미완성의 긴뜨기를 하고 (P.130~134 참고), 같은 코에 2코 더 같은 것을 반복해서 미완성 긴뜨기를 3코 뜬다.

②
바늘에 실을 걸어 바늘에 걸려 있는 7개의 고리를 한 번에 빼낸다.

③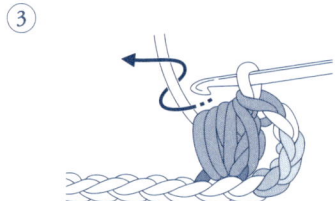
완성. 다음 코를 뜨면 안정된다. 뜨개코 머리가 구슬보다 오른쪽으로 어긋나면서 떠진다. 기호의 다리가 붙어 있는 경우라면 모든 미완성 뜨개코를 같은 코에 넣어서 뜬다.

긴뜨기 3코 구슬뜨기(다발에 뜬다)

①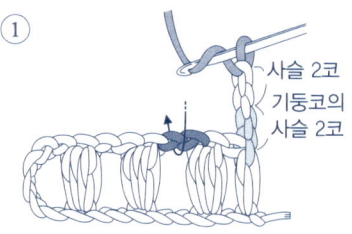
기호의 다리가 벌어져 있는 경우는 아랫단의 사슬을 다발로 줍는다.

②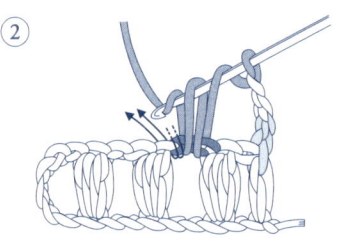
바늘에 실을 걸어 빼내고 미완성의 긴뜨기를 뜨고, 2번 더 반복해서 미완성의 긴뜨기를 3코 뜬다.

③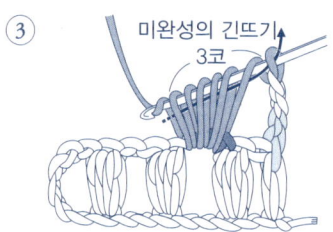
바늘에 실을 걸어 바늘에 걸려 있는 7개의 고리를 모두 한 번에 빼낸다.

긴뜨기 3코 변형 구슬뜨기(코에 뜬다)

①
②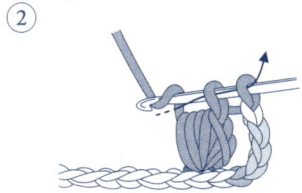
③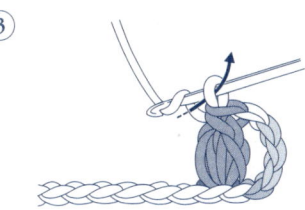

같은 코에 미완성의 긴뜨기를 3코 뜨고, 바늘에 실을 걸어 바늘에 걸려 있는 6개의 고리를 한 번에 빼낸다.

다시 바늘에 실을 걸어 남은 2개의 고리를 빼낸다.

구슬뜨기의 머리가 어긋나지 않게 떠진다. 기호의 다리가 붙어 있는 경우는 모든 미완성의 뜨개코를 같은 코에 넣어서 뜬다.

긴뜨기 3코 변형 구슬뜨기(다발에 뜬다)

①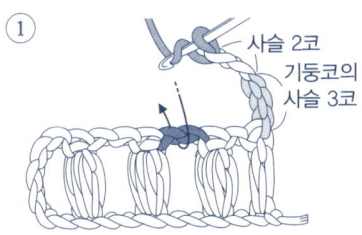
②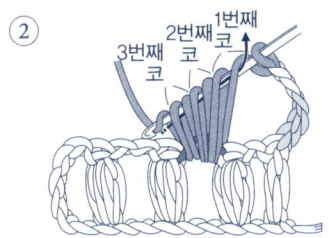
③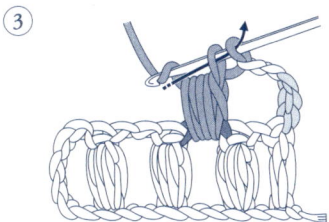

기호의 다리가 벌어져 있는 경우는 아랫단의 사슬을 다발로 줍는다.

미완성 긴뜨기를 3코 뜨고 바늘에 실을 걸어 바늘에 걸려 있는 6개의 고리를 한 번에 빼낸다.

다시 바늘에 실을 걸어 남은 2개의 고리를 빼낸다.

사슬뜨기 3코 피코 빼뜨기(1길긴뜨기에 뜬다)

①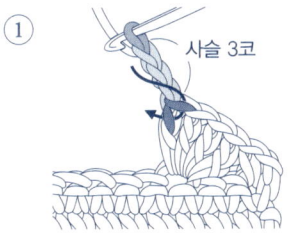
②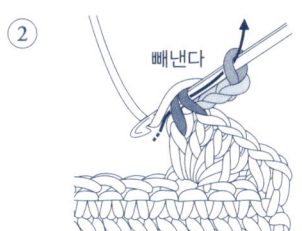
③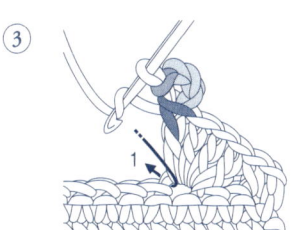

사슬 3코를 뜨고, 피코 뿌리의 1길긴뜨기 머리 반코와 다리 1가닥을 줍는다.

바늘에 실을 걸어 빼낸다.

피코뜨기 완성.

사슬뜨기 3코 피코 빼뜨기(사슬뜨기에 뜬다)

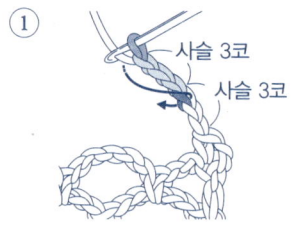

① 사슬뜨기에 이어서 사슬 3코를 뜨고 피코 뿌리의 사슬 반코와 뒷산을 줍는다.

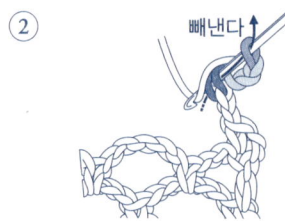

② 바늘에 실을 걸어 빼낸다.

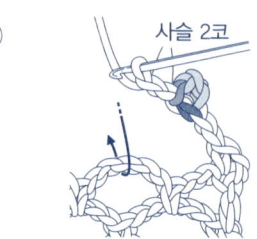

③ 피코뜨기 완성. 계속 사슬 2코를 뜬 모습.

짧은뜨기의 배색무늬
실을 옆으로 걸쳐서 감싸면서 뜬다.

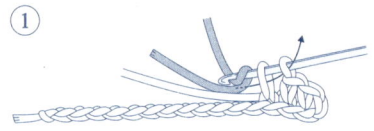

① 배색하기 바로 1코 전인 짧은뜨기의 마지막에서 빼뜨기를 할 때(뜨개코가 미완성 상태로) 배색실을 바꾼다.

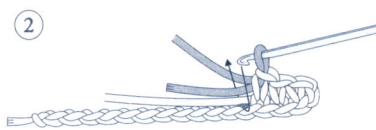

② 바탕실과 배색실의 실 끝을 같이 주워서 실을 빼낸다.

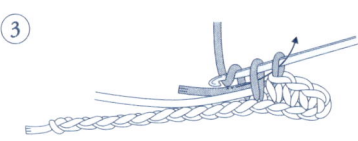

③ 바탕실과 실 끝을 감싸 뜨면서 배색실로 짧은뜨기를 한다.

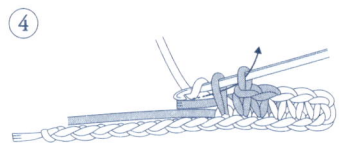

④ 배색실을 마지막으로 뺄 때 바탕실을 바꾼다.

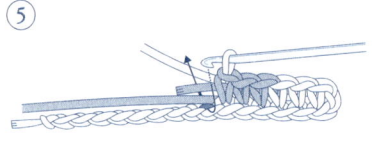

⑤ 배색실을 감싸 뜨면서 바탕실로 짧은뜨기를 한다.

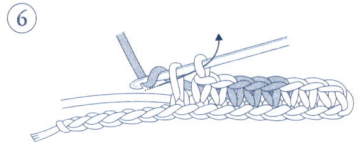

⑥ 같은 방법으로 실을 바꾸면서 뜬다.

스레드코드 뜨는 법

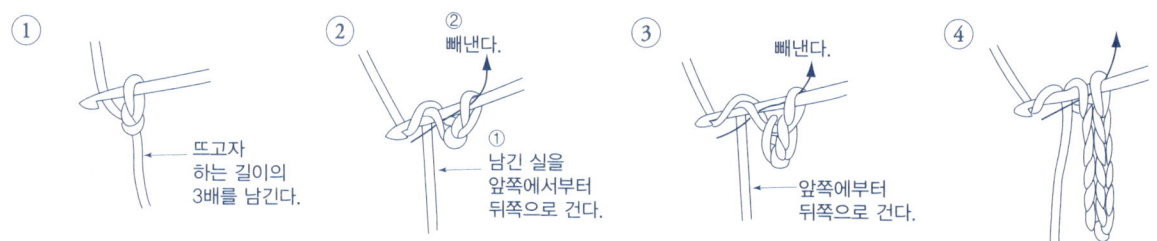

① 뜨고자 하는 길이의 3배를 남긴다.

② 빼낸다. ① 남긴 실을 앞쪽에서부터 뒤쪽으로 건다.

③ 빼낸다. 앞쪽에부터 뒤쪽으로 건다.

④

모티브 연결법

짧은뜨기로 연결하기

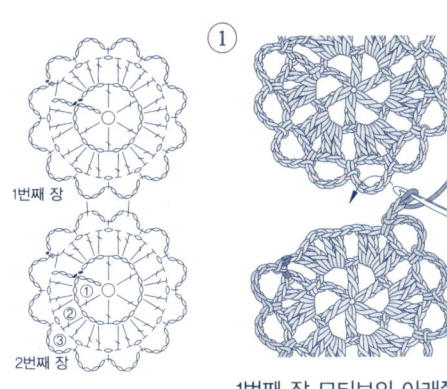 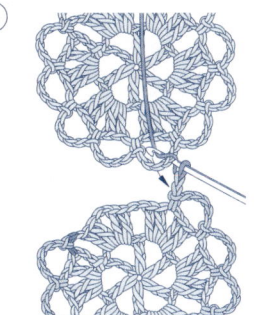 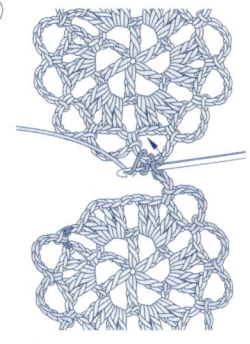 

① 1번째 장 모티브의 아래쪽에서 바늘을 넣는다.
② 위에 있는 실을 바늘에 걸어 빼낸다.
③ 바늘에 실을 걸어 빼내고 짧은뜨기를 한다.
④ 모티브 연결 완성. 계속 뜬다.

빼뜨기로 연결하기

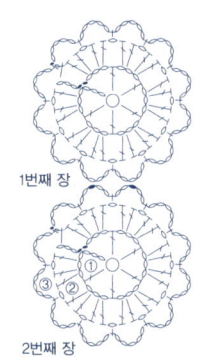 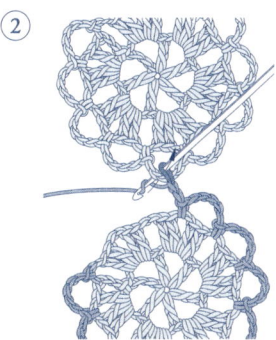 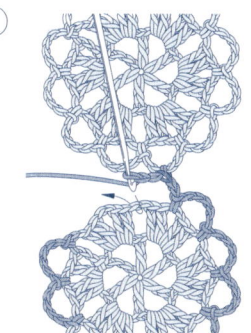

① 1번째 장 모티브의 위쪽에서 바늘을 넣는다.
② 바늘에 실을 걸어 빼낸다.
③ 모티브 연결 완성. 계속 뜬다.

빼뜨기로 3장 이상 연결하기

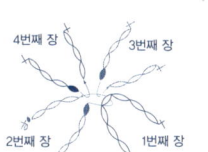

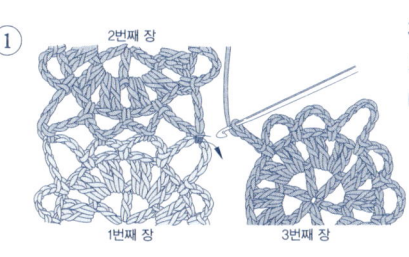

3번째 장은 1, 2번째 장을 연결한 빼뜨기의 다리에 화살표 방향으로 바늘을 넣어 빼낸다.

②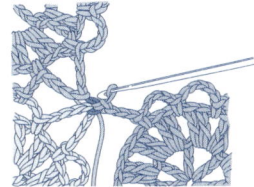
빼낸 모습. 계속 뜬다.

③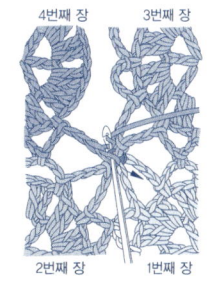
4번째 장은 ①과 같은 곳에 바늘을 넣어 빼낸다.

④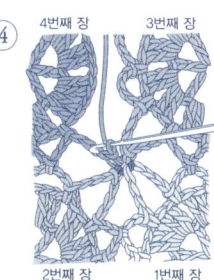
빼낸 모습. 계속 뜬다.

1길긴뜨기로 연결하기

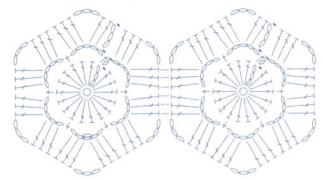 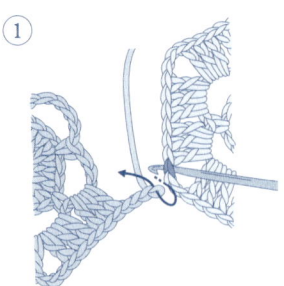 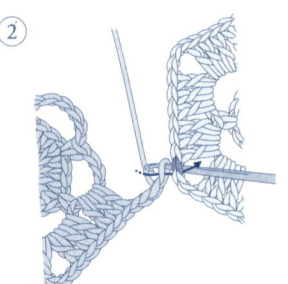 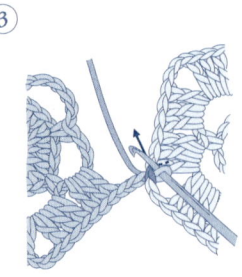

연결 위치 1코 전까지 뜨면 일단 코에서 바늘을 뺀다. 1번째 장의 1 길길뜨기 옆 사슬코의 실을 2가닥 주워서 바늘을 넣어 2번째 장 모티브의 코에 바늘을 다시 넣는다.

2번째 장 모티브의 코를 1번째 장에 넣고 빼낸다.

1번째 장의 다음 1길긴뜨기 머리의 실을 2가닥 주워 바늘을 넣고,

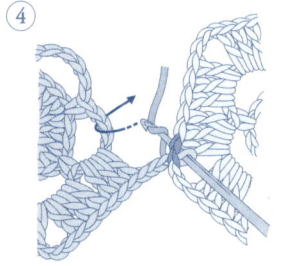 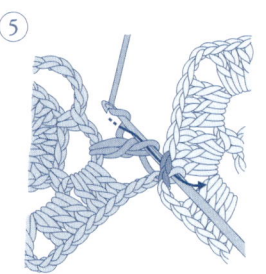 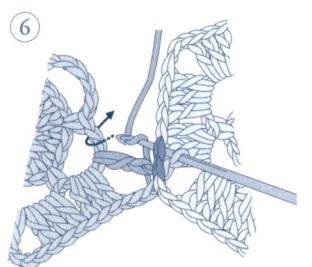 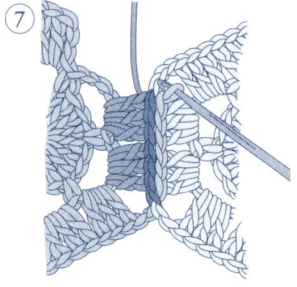

바늘에 실을 걸어 2번째 장의 모티브에 바늘을 넣는다.

1길긴뜨기를 한다.

계속 1번째 장 모티브의 1길긴뜨기 머리에 바늘을 넣어 1길긴뜨기를 하면서 연결한다.

연결된 모습. 계속해서 2번째 장 모티브를 뜬다.

감아 잇기(전코 감아 잇기)

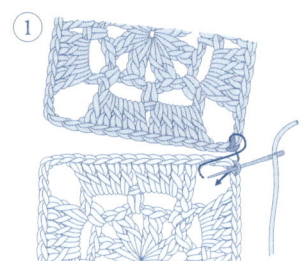 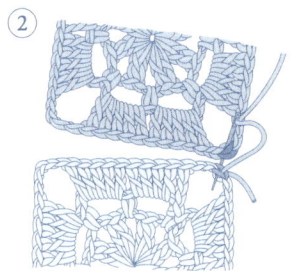  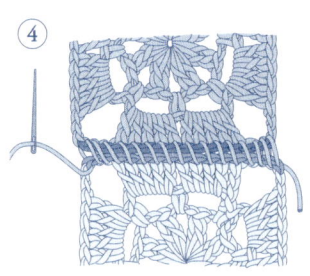

돗바늘에 실을 끼우고 2장의 모티브를 겉면으로 나열한다. 모서리 중앙 사슬 반코 밑에서 바늘을 빼고 화살표 방향으로 바늘을 넣는다.

사슬의 실을 2가닥씩 주워 실을 뺀다.

사슬코의 2가닥씩을 주워 1땀씩 실을 뺀다.

1길긴뜨기 부분은 머리의 실을 2가닥씩 주워서 같은 방법으로 감침질한다.

*반코 감아 잇기

전코 감아 잇기와 같은 방법으로 사슬 또는 1길긴뜨기의 머리 바깥쪽 실을 1가닥씩 주워서 감침질한다.

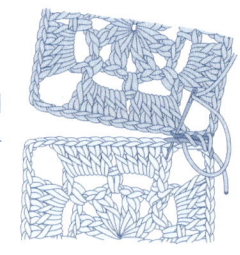 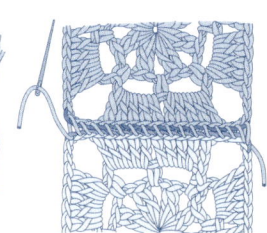

모티브와 패턴으로 완성하는
오늘도 손뜨개

2022년 3월 2일 개정판 1쇄 인쇄
2022년 3월 9일 개정판 1쇄 발행

지은이 | 엔도 히로미
옮긴이 | 고심설
펴낸이 | 이종춘
펴낸곳 | ㈜첨단

주소 | 서울시 마포구 양화로 127 (서교동) 첨단빌딩 3층
전화 | 02-338-9151
팩스 | 02-338-9155
인터넷 홈페이지 | www.goldenowl.co.kr
출판등록 | 2000년 2월 15일 제 2000-000035호

본부장 | 홍종훈
편집 | 조연곤
교정 | 주경숙
본문 디자인 | 조서봉
전략마케팅 | 구본철, 차정욱, 나진호, 이동후, 강호묵
제작 | 김유석
경영지원 | 윤정희, 이금선, 최미숙

ISBN 978-89-6030-595-3 13630

BM 황금부엉이는 ㈜첨단의 단행본 출판 브랜드입니다.

* 값은 뒤표지에 있습니다.
* 잘못된 책은 구입하신 서점에서 바꾸어 드립니다.

* 실 타입은 2014년 10월 기준입니다.
* 이 책에 사용된 실은 예고 없이 생산이 중단되거나 사양이 변경될 수 있습니다.

황금부엉이에서 출간하고 싶은 원고가 있으신가요? 생각해보신 책의 제목(가제), 내용에 대한 소개, 간단한 자기소개, 연락처를 book@goldenowl.co.kr 메일로 보내주세요. 집필하신 원고가 있다면 원고의 일부 또는 전체를 함께 보내주시면 더욱 좋습니다. 책의 집필이 아닌 기획안을 제안해 주셔도 좋습니다. 보내주신 분이 저 자신이라는 마음으로 정성을 다해 검토하겠습니다.